TÍTULOS DE CRÉDITO
E
VALORES MOBILIÁRIOS

PARTE I
TÍTULOS DE CRÉDITO

VOL. I

I. Dos Títulos de Crédito em Geral

II. A letra

ALEXANDRE DE SOVERAL MARTINS

Professor da Faculdade de Direito da Universidade de Coimbra
Advogado

TÍTULOS DE CRÉDITO E VALORES MOBILIÁRIOS

PARTE I

TÍTULOS DE CRÉDITO

VOL. I

I. Dos Títulos de Crédito em Geral
II. A letra

3ª Reimpressão da edição de Maio de 2008

TÍTULOS DE CRÉDITO E VALORES MOBILIÁRIOS
Parte I – Títulos de Crédito
Vol. I – I. Dos Títulos de Crédito em Geral. II. A Letra

AUTOR
ALEXANDRE DE SOVERAL MARTINS

EDITOR
EDIÇÕES ALMEDINA, SA
R. Fernandes Tomás, 76-80
3000-167 Coimbra
Tel.: 239 851 904
Fax: 239 851 901
www.almedina.net
editora@almedina.net

IMPRESSÃO | ACABAMENTO

DPS - DIGITAL PRINTING SERVICES, LDA

Outubro, 2022

DEPÓSITO LEGAL
276589/08

Os dados e as opiniões inseridos na presente publicação
são da exclusiva responsabilidade do(s) seu(s) autor(es).

Toda a reprodução desta obra, por fotocópia ou outro qualquer
processo, sem prévia autorização escrita do Editor, é ilícita
e passível de procedimento judicial contra o infractor.

Biblioteca Nacional de Portugal – Catalogação na Publicação

MARTINS, Alexandre Soveral

Títulos de crédito e valores mobiliários. - 2 v. - (Manuais
universitários)
1º v. : Títulos de crédito. -   p. – ISBN 978-972-40-3529-1

CDU   336

NOTA PRÉVIA

O Professor Doutor Coutinho de Abreu, de quem tive o gosto e o prazer de ser Assistente ao longo de vários anos, desafiou-me a elaborar alguns apontamentos sobre títulos de crédito que pudessem ser utilizados como elementos de estudo pelos alunos da 1.ª turma do 4.° ano do Curso de Direito da Faculdade de Direito de Coimbra no ano lectivo de 2006/2007. O convite foi-me certamente dirigido porque aquela era matéria que me encontrava a estudar no âmbito da elaboração da minha tese de doutoramento. Desse desafio e desse convite deixo aqui o meu grato testemunho.

Inicialmente, foi também solicitada a colaboração da Mestra Carolina Cunha, que, por estar a preparar a sua dissertação de doutoramento, não teve possibilidade de nos acompanhar nesta tarefa. Contudo, é merecida uma palavra de agradecimento pelas conversas que, numa fase ainda embrionária, fomos mantendo.

Entretanto, no ano lectivo de 2007/2008 foi-me atribuída a regência de uma turma teórica de Direito Comercial I e II (já no 1.° Ciclo de Estudos em Direito adequado à «Reforma de Bolonha»). Mais urgente se tornou acabar estes elementos de estudo.

Um alerta, porém. O texto que se segue destina-se aos alunos das disciplinas que lecciono na Faculdade de Direito da Universidade de Coimbra e isso justificou a selecção dos temas tratados. Daí que muitas matérias ficassem por abordar. Talvez noutra ocasião se torne possível alargar o nosso estudo, o que dependerá também da aceitação que a presente obra venha a ter por parte do público interessado. A este, peço ainda que me faça chegar as críticas que achar convenientes (soveralm@fd.uc.pt).

Este volume é dedicado aos títulos de crédito em geral e à letra. Seguir-se-ão outros em que estudaremos o regime da livrança, do cheque e de outros títulos de crédito, bem como dos valores mobiliários.

O presente texto foi terminado em Abril de 2008. O autor desenvolveu um esforço permanente de acompanhamento da produção legislativa. Contudo, não pode garantir que todas as referências a actos legislativos estejam actualizadas.

Para o Doutor Alexandre Dias Pereira, que me permitiu corrigir algumas "gralhas" teimosas, aqui fica o meu Muito Obrigado.

Chãs de Semide, em Abril de 2008

LISTA DE SIGLAS E ABREVIATURAS

AAFDL	– Associação Académica da Faculdade de Direito da Universidade de Lisboa
Aufl.	– Auflage
BBTC	– Banca, borsa e titoli di credito
BFD	– Boletim da Faculdade de Direito da Universidade de Coimbra
BMJ	– Boletim do Ministério da Justiça
CIRE	– Código da Insolvência e da Recuperação de Empresas
CJ	– Colectânea de Jurisprudência
Foro It.	– Foro Italiano
Giur. Comm.	– Giurisprudenza Commerciale
Giur. It.	– Giurisprudenza Italiana
Giust. Civ.	– Giustizia Civile
MLR	– Michigan Law Review
RB	– Revista da Banca
RDC	– Rivista di Diritto Commerciale
RDCiv	– Rivista di Diritto Civile
RDE	– Revista de Direito e Economia
RLJ	– Revista de Legislação e de Jurisprudência

I

DOS TÍTULOS DE CRÉDITO EM GERAL

1. Sobre uma noção de título de crédito

A tarefa de elaborar uma noção de título de crédito depara-se com uma dificuldade evidente: a que resulta da grande variedade de documentos aceites como títulos de crédito[1]. Para que a noção tenha validade quanto a todos esses documentos é necessário, antes, saber quais os documentos que são títulos de crédito e depois verificar o que têm eles em comum.

Ora, se não se pode dizer que exista uma verdadeira discussão em torno da natureza de títulos de crédito das letras, livranças, cheques, conhecimentos de carga e de depósito, guias de transporte, cautelas de penhor ou extractos de factura, outros documentos há que fazem surgir algumas dúvidas: estamos a pensar, por exemplo, nos documentos que representam acções e obrigações, nos títulos de capital das cooperativas, nos certificados de depósito bancário, nos bilhetes de transporte ou para espectáculos, nos vales de correio, nos certificados de aforro.

A lei portuguesa não dá uma noção de título de crédito. Não existe sequer entre nós um regime geral dos títulos de crédito: não há um regime legal unitário e completo que seja de aplicar depois de

---

[1] A doutrina transalpina discute até se terá sentido uma categoria unitária de títulos de crédito: cfr. GASPERONI, *Le azioni di società*, Cedam, Padova, 1942, p. 78, nota 2; PELLIZI, «Panorama dei titoli di credito», *BBTC*, 1984, I, p. 1 e ss.

10   *Títulos de Crédito e Valores Mobiliários*

realizada a qualificação de um documento como título de crédito e que seja de aplicar a todos os títulos de crédito[2]. Se aquele regime existisse, o problema da noção seria mais delicado. É que nesse caso, depois de feita a qualificação, haveria que aplicar aquele regime geral[3].

Segundo Vivante, título de crédito será o «documento necessário para exercitar o direito literal e autónomo nele mencionado»[4]. Sublinhe-se: na opinião daquele autor, o título de crédito é um documento *necessário* para o *exercício* do direito, e esse direito é *literal* e *autónomo*.

Contudo, mesmo na Itália o resultado das investigações de Vivante não foi unanimemente aceite. Ascarelli[5] criticava a noção acima exposta por considerar que a mesma *partia exclusivamente dos regimes jurídicos de cada documento* em causa[6], e *não da rea-*

---

[2] Há, no entanto, algumas normas de carácter geral: cfr. os arts. 483.º e 484.º do Código Comercial (o último na parte em que seja considerado em vigor), os arts. 1466.º e 2262.º do Código Civil e os arts. 857.º (penhora) e 1069 e ss. (reforma) do CPC.

[3] Vaz Serra ainda incluíu um regime geral dos títulos de crédito no Anteprojecto do Código Civil actual: cfr. VAZ SERRA, «Títulos de crédito», *BMJ*, 1956, n.os 60 e 61.

[4] Consultámos VIVANTE, *Trattato di diritto commerciale*, vol. III, 3.ª ed., Vallardi, Milano, 1904, p. 154, e *Tratado de derecho mercantil*, vol. III, tradução em castelhano da 5.ª ed. italiana, Reus, Madrid, 1936, p. 136. Trata-se de noção que foi aceite por uma parte da doutrina nacional: cfr., p. ex., MÁRIO DE FIGUEIREDO, *Caracteres gerais dos títulos de crédito e seu fundamento jurídico*, França Amado, Coimbra, 1919, p. 214 (com pequenas diferenças de redacção); FERRER CORREIA, *Lições de direito comercial*, III, Universidade de Coimbra, 1975, p. 3 e s..

[5] ASCARELLI, «Il problema preliminare del titolo di credito e la logica giuridica», *Problemi giuridici*, I, Giuffrè, Milano, 1959, p. 165; ID., «Tipologia della realtà, disciplina normativa e titolo di credito», *Problemi giuridici*, I, cit., p. 185 e ss..

[6] Em sentido próximo, FERNANDO OLAVO, *Direito comercial*, Volume II, 2.ª parte, Fascículo I, 2.ª ed., Coimbra Editora, Coimbra, 1983, p. 12, para quem o conceito de Vivante será um «conceito normativo», na medida em que «enuncia

I. Dos Títulos de Crédito em Geral 11

lidade para que esses regimes tinham sido pensados[7]. Para Ascarelli, seria necessário *individualizar a fattispecie*, e não as notas que se retiravam do regime legal[8]. O autor chegou assim à noção de título de crédito enquanto «documento socialmente considerado como destinado à circulação ou que ateste a qualidade de sócio de uma sociedade por acções».

Bastante divulgada na Itália foi também a noção de Ferri. Este autor aceitava, com Ascarelli, que acima de tudo era importante verificar se o documento se destinava à circulação. No entanto, partia *da vontade do criador do documento*, e não da leitura social[9].

Na doutrina alemã, a noção de Brunner[10] parece mais consensual[11]. Para Brunner, *Wertpapier* é o «documento que incorpora um

---

uma síntese da disciplina comum destes títulos e portanto dos caracteres fundamentais que essa disciplina lhes imprime». Contrapõe o autor a este o conceito «tipológico», que «procura exprimir o tipo da vida real, que a lei contempla quando prevê a figura genérica do título de crédito».

[7] Sobre as várias noções de *fattispecie cartolare*, LENER, *La dematerializzazione dei titoli azionari e il sistema Monte Titoli*, Giuffrè, Milano, 1989, p. 93, nota 11.

[8] Cfr. ASCARELLI, «Il problema preliminare del titolo di credito e la logica giuridica», cit., p. 165 e ss.; ID., «Ancora sul concetto di titolo di credito e sulla distinzione tra tipologia della realtà e normativa», *BBTC*, 1956, I, p. 461 e ss.; ID., «Tipologia della realtà, disciplina normativa e titolo di credito», *Problemi giuridici*, I, cit., p. 185 e ss..

[9] Cfr. FERRI, «Sul concetto di titolo di credito», *BBTC*, 1956, I, p. 326 e ss.; ID., «Ancora sul concetto di titolo di credito», *BBTC*, 1957, I, p. 70 e ss. (o autor já fizera uma crítica ao conceito de Vivante em «Il concetto di titolo di credito», *BBTC*, I, 1940, p. 10 e s.). Mais recentemente, cfr. FERRI, *Manuale di diritto commerciale*, UTET, Torino, 1993, p. 684.

[10] Consultámos BRUNNER, «Die Werthpapiere», in ENDEMANN (herausgegeben), *Handbuch des Deutschen Handels-, See- und Wechselrechts*, Zweiter Band, Fues's Verlag (R. Reisland), Leipzig, 1882, p. 147.

[11] Nesse sentido, cfr. HUECK/CANARIS, *Recht der Wertpapieren*, 12. Aufl., Franz Vahlen, München, 1986, p. 1, e BAUMBACH/HEFERMEHL, *Wechselgesetz und Scheckgesetz*, 21. Aufl., Beck, München, 1999, p. 7.

direito de carácter privado de tal forma que para o exercício do mesmo é necessária a posse do documento»[12].

Contudo, Ulmer[13] criticou Brunner por considerar que, apesar de este último autor dizer que a função do documento era determinante, na noção acentuava somente o momento do exercício do direito. Ulmer definia por isso os *Wertpapiere* como sendo «documentos relativos a direitos patrimoniais que permitem a disposição do direito incorporado através da disposição do documento»[14].

Não obstante as críticas e alternativas enunciadas, reconhecemos na noção de Vivante méritos descritivos e um alto valor pedagógico, que permitem a sua utilização para clarificar o regime dos títulos de crédito. Por isso, a exposição que se segue recorrerá com frequência a essa noção.

2. O título de crédito é um documento necessário para o exercício do direito nele mencionado

Lendo a noção de título de crédito que Vivante elaborou, verificamos que a primeira nota contida na mesma é a de que o título de crédito é um documento. Esse documento era, na época em que Vivante escrevia, um documento em papel. Adiante veremos se apenas esses documentos são títulos de crédito.

Se o documento surge como necessário para o exercício do direito nele mencionado, então aquele documento desempenha

---

[12] «Wertpapier ist eine Urkunde über ein Privatrecht, dessen Verwertung durch die Innehabung der Urkunde privatrechtlich bedingt ist». Sublinhando que Brunner fundava a sua noção no momento da *legitimação* e Vivante partia do momento da *circulação*, ANGELICI, «La circolazione della partecipazione azionaria», *Trattato delle società per azioni*, UTET, Torino, 1991, p. 255, nota 3.

[13] ULMER, *Das Recht der Wertpapiere*, W. Kohlhammer, Stuttgart-Berlin, 1938, p. 19 e ss..

[14] «Urkunden über Vermögensrechte, bei denen die Verfügung über das verbriefte Recht durch die Verfügung über das Papier erfolgt».

uma *função de legitimação*. O documento é necessário para o exercício do direito nele mencionado[15] porque «enquanto o título existe o exercício do direito está subordinado à detenção e exibição do próprio título»[16].

Essa *relação* especial entre o direito e o documento é que leva os autores a falar de uma *incorporação* do direito no título[17]. Vivante dizia, relativamente aos títulos de crédito, que o documento era necessário para o exercício do direito porque, existindo título, o credor devia exibi-lo para exercitar qualquer direito nele mencionado. Mas não se limitava a considerar a *função* do documento enquanto *meio para permitir o exercício do direito*, antes incluía também no conceito de título de crédito a *particular tutela* da posição daquele que estava legitimado para esse exercício. E essa particular tutela é que facilitava a *circulação* dos créditos.

Para Vivante, o documento era *constitutivo da literalidade e autonomia* do direito representado no título de crédito. Mas esse *carácter constitutivo* do documento já não se verificaria se os títulos permanecessem nas relações imediatas emitente-primeiro portador[18].

Na medida em que o título atribui ao possuidor o poder de exercer o direito, confere-lhe *legitimação* para esse exercício: «a posse do documento, adquirida segundo a sua lei de circulação, habilita

---

[15] FERRER CORREIA, *Lições de direito comercial*, III, cit., p. 4 e s..

[16] VIVANTE, *Trattato di diritto commerciale*, cit., p. 155, e *Tratado de derecho mercantil*, III, cit., p. 136.

[17] Cfr. SAVIGNY, *Das Obligationenrecht als Theil des heutigen römischen Rechts*, Bd. 2, Veit und Comp., Berlin, 1853, p. 99 (que se referia já à «Verkörperung der Obligation»); BRUNNER, «Die Werthpapiere», cit., p. 143 («sagt die Verkörperungstheorie nicht mehr, als dass ein gewisser rechtlicher Nexus zwischen Recht und Papier besteht»); FERRER CORREIA, *Lições de direito comercial*, III, cit., p. 5. Considerando a incorporação "a característica mais marcante e patente dos títulos de crédito", CASSIANO DOS SANTOS, *Direito Comercial Português*, vol. I, Coimbra Editora, Coimbra, 2007, p. 242.

[18] Posteriormente, defendeu-se mesmo que, nas relações imediatas entre o emitente e o primeiro portador, o título de crédito não é título de crédito: cfr., p. ex., PAVONE LA ROSA, *La cambiale*, 2.ª ed., no *Trattato di dirito civile e commerciale*, dir. da Cicu e Messineo, Giuffrè, Milano, 1994, p. 30 e ss..

14   *Títulos de Crédito e Valores Mobiliários*

(legitima) o portador a exercer o direito»[19]. Isto facilita, além do mais, a negociação do título, pois o adquirente não se preocupará tanto em verificar como é que o título foi parar às mãos do transmitente. Por outro lado, o adquirente sabe que, como portador do título, é a seu favor que a prestação deverá ser realizada.

A somar a tudo isso, também o devedor tem interesse em que seja aquele o regime, visto que assim se torna mais fácil saber a quem deve pagar[20]. Se o devedor paga a quem tem a posse do documento de acordo com a sua lei de circulação, tem maiores garantias de que está a pagar bem.

3. Literalidade do direito mencionado no documento

De acordo com o princípio ou característica da literalidade, «a letra do título é decisiva para a determinação do conteúdo, limites e modalidades do direito»[21]. Compreende-se que assim seja quanto a documentos que permitem a circulação do direito neles mencionado. Trata-se de permitir que o terceiro possa depositar confiança

---

[19] FERRER CORREIA, *Lições de direito comercial*, III, cit., p. 6.

[20] Cfr. GARCÍA-PITA Y LASTRES, «Acciones nominativas y al portador», *Derecho de sociedades anónimas*, II, *Capital y acciones*, v. 2 (coord.. ALONSO UREBA/DUQUE DOMINGUÉZ/ESTEBAN VELASCO/GARCÍA VILLAVERDE/SÁNCHEZ CALERO), Civitas, Madrid, 1994, p. 553 e s..

[21] FERRER CORREIA, *Lições de direito comercial*, III, cit., p. 10. Em sentido muito próximo, MESSINEO, *I titoli di credito*, I, 2.ª ed., Cedam, Padova, 1934, p. 37 e 43, e ASCARELLI, «La letteralità nei titoli di credito», *RDC*, 1932, I, p. 247. KLÄY, *Die Vinkulierung*, Helbing & Liechtethahn, Basel/Frankfurt, 1997, p. 441, também afirmava, para os títulos ao portador e à ordem, que o adquirente do título deve poder contar que a existência, conteúdo e modalidade do direito são determinados a partir do que consta do documento. MÁRIO DE FIGUEIREDO, *Caracteres gerais dos títulos de crédito e seu fundamento jurídico*, cit., p. 65, dizia antes que literalidade significava que «o documento tem em si expresso, de uma maneira nítida, o conteúdo da promessa».

naquilo que o título diz. Desde logo, esse terceiro não teria, em regra, possibilidade de saber o que foi combinado para além do texto do título.

Na definição de Vivante, o título de crédito seria o documento necessário para exercitar o direito literal nele mencionado. Os títulos de crédito caracterizar-se-iam por aquela literalidade. Mas se a letra é decisiva, isso não significa que a letra do título tenha de dizer tudo.

Entendendo-se nestes termos a característica da literalidade, há quem sustente que não terá sentido falar da mesma a propósito, por exemplo, do título de acção[22]. É verdade que a socialidade representada no título de acção não é só conformada pela lei, mas desde logo pelo contrato de sociedade (e suas alterações)[23]. Também por isso se diz que a acção «é, portanto, um título incompleto, visto que não contém a indicação de todos os direitos que confere»[24]. Na

---

[22] Cfr., designadamente, DE FERRA, «Sulla c.d. originarietà dell'acquisto del diritto cartolare», *BBTC*, 1961, I, p. 550 (ao menos tendencialmente); ANGE-LICI, *Della società per azioni. Le azioni*, in *Il Codice Civile. Commentario*, dir. da SCHLESINGER, Giuffrè, Milano, 1992, p. 287, nota 80; GALGANO, *Il nuovo diritto societario*, in *Trattato di diritto commerciale e di diritto pubblico dell'economia*, vol. 29, 2.ª ed., Cedam, Milano, 1994, p. 15; FERRARA JR./CORSI, *Gli imprenditori e le società*, Giuffrè, Milano, 1999, p. 442. Também se pergunta se a literalidade é caracterizadora dos títulos de crédito: cfr. sobre o problema LENER, *La dematerializzazione dei titoli azionari e il sistema Monte Titoli*, cit., p. 102, nota 23. No sentido de que a literalidade apenas vale para os títulos abstractos, GALGANO, *Diritto commerciale. L'imprenditore*, 4.ª ed., Zanichelli, Bologna, 1995 (rist.), p. 270 e p. 276.

[23] Não é de excluir a possibilidade de outros factos terem consequências sobre a própria participação social. Quanto ao problema, VAZ SERRA, «Acções nominativas e acções ao portador», *BMJ*, 176.º, p. 47; OSÓRIO DE CASTRO, *Valores mobiliários: conceito e espécies*, 2.ª ed., Universidade Católica, Porto, 1998, p. 29; PAULO CÂMARA, *Parassocialidade e transmissão de valores mobiliários*, dissertação, Lisboa, 1996, p. 354.

[24] VAZ SERRA, «Acções nominativas e acções ao portador», cit., p. 47. Sobre o tema, cfr. tb. GARCIA-PITA Y LASTRES, «Acciones nominativas y al portador», cit., p. 551.

16 *Títulos de Crédito e Valores Mobiliários*

generalidade dos casos, não seria possível reproduzir, por exemplo, o teor do contrato de sociedade no título de acção[25]. Parece que será por isso mais correcto aceitar ainda uma literalidade *«imperfeita* ou incompleta», uma «literalidade *per relationem»*[26].

4. Autonomia do direito mencionado no documento

Como vimos, para Vivante o título de crédito era o «documento necessário para exercitar o direito literal e autónomo nele mencionado». A autonomia do direito a que se referia Vivante consistia no facto de se dever considerar que *o direito surgia como que de novo na esfera do possuidor de boa fé*: o direito era autónomo «porque o possuidor de boa fé exercita um direito próprio, que não pode ser

---

[25] Seria o mesmo que tentar «gravar uma oração na cabeça de um alfinete», nas palavras de Folk, «Article Eight: Investment Securities», *NCLR*, 44, 1965-66, p. 673.

[26] Garcia-Pita y Lastres, «Acciones nominativas y al portador», p. 551 e s.. Referem também uma literalidade por remissão Pinto Coelho, «Estudo sobre as acções das sociedades anónimas», *RLJ*, 88.º, p. 9 e ss.; Fernando Olavo, *Direito comercial.* Volume II, 2.ª parte, Fascículo I, cit., p. 27 e s.; Pereira de Almeida, *Direito comercial*, vol. 3.º, AAFDL, Lisboa, 1988, p. 20; Pedro Pais de Vasconcelos, *Direito comercial. Títulos de crédito*, AAFDL, Lisboa, 1997, p. 9 (que fala de uma literalidade por referência); Nuno Pinheiro Torres, *Da transmissão de participações sociais não tituladas*, Universidade Católica, Porto, 1999, p. 46 (diz a este propósito que a literalidade «é indirecta, no sentido em que não se basta com a remissão para o texto do documento em que a posição de socialidade se acha incorporada»); Osório de Castro, *Valores mobiliários-conceito e espécies*, cit., p. 29 e s.. Não se deve confundir a literalidade com as regras de interpretação dos títulos de crédito. Quanto a estas, cfr. Alexandre Soveral Martins, «Sobre a indicação da qualidade de gerente de uma sociedade por quotas – Ac. de Uniformização de Jurisprudência n.º 1/2002, de 6 de Dezembro de 2001», *Cadernos de Direito Privado*, n.º 2, Abril/Junho 2003, p. 20 e ss.; Cassiano dos Santos, *Direito Comercial Português*, cit., p. 245. Para a Itália, Portale, «Interpretazione "letterale" e "formalismo" cambiario (imprese multinazionali e cambiali poliglotte)», *Giur. Comm.*, 1980, I, p. 250 e ss..

I. Dos Títulos de Crédito em Geral

restringido ou destruído em virtude das relações existentes entre os anteriores possuidores e o devedor»[27]. Diz-se que o direito incorporado nos títulos de crédito é autónomo porque é adquirido «de um modo originário, isto é, independentemente da titularidade do seu antecessor e dos possíveis vícios dessa titularidade»[28].

Assim, a autonomia do direito mencionado no documento remete-nos fundamentalmente para a posição do adquirente em relação aos anteriores titulares. É preciso também não esquecer que se pretende fazer menção a uma autonomia que possa ser apresentada como «mínimo comum» a todos os títulos de crédito. E, por isso, podemos encontrar títulos de crédito em relação aos quais essa autonomia será mais marcada do que noutros.

A autonomia do direito, tal como Vivante a entendia, não se confundia com a literalidade, visto que, na noção daquele autor, uma coisa e outra aparecem lado a lado. E também não se confundia com a abstracção, pois Vivante admitia a existência de títulos não abstractos.

---

[27] VIVANTE, *Trattato di diritto commerciale*, III, cit., p. 155, e *Tratado de derecho mercantil*, III, cit., p. 136. Para uma distinção entre excepções que dizem respeito ao exercício do direito emergente do documento e excepções que dizem respeito ao negócio de transmissão do documento, DE FERRA, *La circolazione delle partecipazioni azionarie*, Giuffrè, Milano, 1964, p. 55. No que à autonomia diz respeito, esta pode ser entendida com mais de um sentido. FERRER CORREIA, *Lições de direito comercial*, III, cit., p. 67 distingue entre a autonomia do direito correlativo à obrigação representada e a autonomia do direito sobre o título; PEREIRA DE ALMEIDA, *Direito comercial*, 3.° vol., cit., p. 25, prefere falar em autonomia do direito cartular relativamente ao negócio subjacente e autonomia do direito sobre o título. A terminologia utilizada pelos autores não é, efectivamente, constante. Assim, CAMPOBASSO, in CAMPOBASSO (a c. di), *La cambiale*, vol. 1, Giuffrè, Milano, 1998, p. 5, prefere falar de autonomia do direito em sede de circulação e de autonomia do direito em sede de exercício (abstracção). Acerca do fundamento do princípio da autonomia, referindo-se às teorias da propriedade, da pendência e do crédito ambulatório, cfr. GASPERONI, *Le azioni di società*, cit., p. 101 e ss..

[28] FERRER CORREIA, *Lições de direito comercial*, vol. III, cit., p. 10.

5. Circulabilidade

A noção de Vivante acentua o momento do exercício do direito representado no título e não menciona expressamente, como nota caracterizadora dos títulos de crédito em geral, a da circulabilidade: a aptidão para circular[29] de acordo com regras próprias que a favorecem.

No entanto, julgamos que tal nota está, de certo modo, pressuposta. É que a literalidade e a autonomia do direito mencionado no título não valem nas relações imediatas.

6. Especiais funções dos títulos de crédito

Os títulos de crédito ganharam existência devido à necessidade de tornar mais fácil e segura a circulação dos créditos por comparação com o regime da respectiva cessão, objectivo que se tentou alcançar através de um instrumento que permitisse o recurso a regras a que se submetiam as coisas móveis[30].

O regime da cessão de créditos, extensivo em regra à cessão de outros direitos, ainda hoje permite que o devedor oponha ao cessionário «todos os meios de defesa que lhe seria lícito invocar contra o cedente, com excepção dos que provenham de facto posterior

---

[29] Considerando-a característica «essencial», PEREIRA DE ALMEIDA, *Direito comercial*, 3.º vol., cit., p. 75; afirmando que a circulabilidade («são tipicamente destinados a circular») permite distinguir os títulos de crédito dos títulos impróprios, PEDRO PAIS DE VASCONCELOS, *Direito comercial. Títulos de crédito*, cit., p. 19. Parecendo ir no mesmo sentido e considerando que é necessário que os documentos «sejam *destinados* à circulação» para serem títulos de crédito, PUPO CORREIA, *Direito Comercial. Direito da empresa*, Ediforum, Lisboa, 2007, p. 444. Já OLIVEIRA ASCENSÃO, *Direito Comercial*, III, Faculdade de Direito de Lisboa, Lisboa 1992, p. 39, admite expressamente «a existência de títulos de crédito que nem em abstracto são destinados à circulação». Sobre o tema, cfr. tb. o que acima se disse acerca das noções de título de crédito de ASCARELLI e de FERRI.

[30] Cfr. CARNELUTTI, *Teoria cambiaria*, Cedam, Padova, 1937, p. 23; BAUMBACH/HEFERMEHL, *Wechselgesetz und Scheckgesetz*, cit., p. 4.

I. Dos Títulos de Crédito em Geral

ao conhecimento da cessão» (cfr. o art. 585.° do Código Civil). O que se pretende com tal regime é que o devedor não fique em pior situação do que estava perante o cedente do crédito[31].

Como tem salientado a doutrina, o eventual comprador de uma coisa corpórea tem maior facilidade em verificar as características daquilo que vai adquirir. Quanto aos direitos, são consideráveis as dificuldades para determinar a sua existência, características, limites, conteúdo, etc.[32].

Por outro lado, a tutela que se confere à aparência resultante da posse do título beneficia o próprio devedor e os terceiros adquirentes. Os devedores têm de realizar a prestação a quem tem a posse do título e os terceiros adquirentes que têm a posse do título sabem que o devedor não irá realizar (eficazmente) a prestação a um anterior possuidor[33].

Do que se disse resulta desde logo que os títulos de crédito desempenham uma *função de transmissão do direito* neles mencionado. A transmissão do título de crédito de acordo com as respectivas regras de circulação acarreta também a transmissão do direito referido[34]. E pelo menos quanto aos títulos ao portador a transmissão surge bastante facilitada.

Aos títulos de crédito é também reconhecida uma *função de legitimação*. Desde logo, legitimação activa: o portador do título, que o tenha recebido de acordo com as regras de circulação do mesmo, pode exercer o direito mencionado no documento. A esta legitimação está subjacente a presunção de que o portador é o titular do documento.

Mas, além disso, se o portador se encontra nessa posição tendo sido respeitadas as regras de circulação do documento, então o su-

---

[31] Cfr. KLÄY, *Die Vinkulierung*, cit., p. 440.

[32] Cfr. HUECK/CANARIS, *Recht der Wertpapieren*, cit., p. 8 e ss.; GARCIA--PITA Y LASTRES, «Acciones nominativas y al portador», p. 549, nota 52.

[33] Cfr. HUECK/CANARIS, *Recht der Wertpapieren*, cit., p. 9 e s.

[34] Não bastará o mero acordo de transmissão do título. Sobre as teses consensualistas e realistas, GALGANO, *Diritto commerciale. L'imprenditore*, cit., p. 272.

jeito obrigado a realizar a prestação mencionada no título cumpre bem, em princípio, se a realizar a favor do portador[35].

7. Classificações dos títulos de crédito[36]

7.1. *Classificação dos títulos de crédito fundada no direito incorporado*

O conteúdo da prestação incorporada nos títulos de crédito pode ser de muito diversa natureza.

As letras, as livranças e os cheques *conferem ao seu portador o direito a uma prestação em dinheiro*[37].

---

[35] Salientando as vantagens que decorrem também para o devedor, MESSINEO, *I titoli di credito*, I, cit., p. 15.

[36] Para além dos critérios de classificação que se apresentam no texto, outros poderiam ser indicados. Assim, de acordo com a *natureza do sujeito emitente*, classificam-se os títulos de crédito em títulos *públicos* e em títulos *privados*. Os títulos de crédito públicos seriam emitidos por entidades de direito público. Por seu lado, os títulos de crédito privados seriam emitidos por entidades de direito privado. Porém, como também é sublinhado, as entidades públicas podem emitir títulos de direito privado. Por isso, a doutrina chama a atenção para a necessidade de o critério ser utilizado não apenas pensando no emitente típico, mas sobretudo na função típica da utilização daqueles títulos (cfr., p. ex., FERNANDO OLAVO, *Direito comercial*, v. II, 2.ª parte, fasc. I, cit., p. 44; PEDRO PAIS DE VASCONCELOS, *Direito comercial. Títulos de crédito*, cit., p. 26). Tendo agora em conta a *nacionalidade do sujeito emitente*, os títulos classificar-se-iam em títulos *nacionais* ou *estrangeiros*. Se utilizarmos o critério do *modo de emissão*, os títulos poderiam ser classificados em títulos de *emissão isolada* e títulos de *emissão em massa*: os primeiros seriam emitidos um a um, os segundos emitidos em simultâneo e em grandes quantidades. Sobre estes e outros critérios, cfr., desenvolvidamente e com perspectiva crítica, p. ex., ASCARELLI, *Teoria geral dos títulos de crédito*, cit., p. 412 e ss.; GARCÍA-PITA Y LASTRES, *Introducción al derecho de los títulos-valores y de las obligaciones mercantiles*, t. I, *Derecho de los títulos-valores. Parte General*, Tórculo, s/d, p. 147 e ss..

[37] Cfr., p. ex., os arts. 28.º, 43.º, 48.º, 77.º e 78.º, LULL, e 9.º, 27.º, 34.º, 36.º, 40.º e 45.º da LUCH.

I. Dos Títulos de Crédito em Geral

As guias de transporte[38], os conhecimentos de carga[39] ou de depósito[40] e as cautelas de penhor[41], por exemplo, *conferem ao seu titular um direito de natureza real sobre coisas*[42].

Existem ainda títulos de *participação* (*Mitgliedschaftspapiere*). São títulos que representam uma participação numa determinada pessoa colectiva, que em regra é uma sociedade de certo tipo. Como exemplo de títulos de participação temos os títulos de acção: títulos que representam uma participação social numa sociedade anónima ou, quanto aos sócios comanditários, em comandita por acções[43].

Não parecem ser títulos de crédito os meros títulos de legitimação[44]. Estes são emitidos com carácter pessoal, isto é, para serem

[38] Cfr. arts. 369.° e ss. do C.Com. e os arts. 3.° e ss. do DL n.° 239/2003, de 4 de Setembro (Regime Jurídico do Contrato de Transporte Rodoviário Nacional de Mercadorias, que «revoga» os arts. 366.° a 393.° do C.Com. na parte aplicável ao contrato de transporte rodoviário de mercadorias).

[39] Cfr. a Convenção Internacional para a Unificação de Certas Regras em Matéria de Conhecimento, assinada em Bruxelas a 25 de Agosto de 1924, o DL n.° 37 748, de 1 de Fevereiro de 1950, e o DL n.° 352/86, de 21 de Outubro (Contrato de Transporte de Mercadorias por Mar).

[40] Cfr. os arts. 408.° e ss. do C.Com., o Decreto n.° 206, de 7 de Novembro de 1913, e o Decreto n.° 783, de 21 de Agosto de 1914.

[41] Cfr. as normas e diplomas mencionados acerca dos conhecimentos de depósito.

[42] Cfr., especialmente, o art. 374.° do C.Com., o art. 11.° do DL n.° 352/86, o art. 411.° do C.Com., o art. 31.° do Decreto n.° 206, de 7 de Novembro de 1913, e o art. 26.° do Decreto n.° 783, de 21 de Agosto de 1914.

[43] As acções podem ter uma representação meramente escritural: podem ser representadas por registos em conta e, nesse caso, discute-se se estaremos, aí também, perante títulos de crédito. Sobre esta questão, cfr. o que se diz adiante. A terminologia utilizada no texto não deve levar o leitor a confundir os *títulos de participação numa pessoa colectiva* com os *títulos de participação* regulados no DL n.° 321/85, de 5 de Agosto, e que apenas conferem o direito a uma remuneração *pecuniária*.

[44] Sobre estes, MÁRIO DE FIGUEIREDO, *Caracteres gerais dos títulos de crédito e seu fundamento jurídico*, cit., p. 13 e s.. Fazendo a distinção entre títulos de legitimação e sinais de legitimação (em que inclui as apólices de seguros, embora considere possível a criação de apólices que sejam títulos de crédito causais por entender que a criação destes é livre), MOUTINHO DE ALMEIDA, *O contrato de seguro no direito português e comparado*, Sá da Costa, Lisboa, 1971, p. 43.

22   Títulos de Crédito e Valores Mobiliários

utilizados apenas por aquela pessoa a favor de quem são emitidos e, por isso, sem função de transmissão.

7.2. *Classificação dos títulos de crédito fundada no modo normal de transmissão*

De acordo com o regime normal de circulação, os títulos de crédito classificam-se em títulos *ao portador*, *à ordem* e *nominativos*[45].

Os títulos ao portador transmitem-se pela simples entrega do título[46]. Como tal, compreende-se que tais títulos não revelem no seu texto quem é o respectivo titular. É isso que se verifica com os títulos de acção ao portador, como resulta do art. 101.° do CVM[47].

Os títulos à ordem transmitem-se por endosso[48], ficando assim a constar do título um comprovativo da transmissão. A letra[49] e a livrança[50] são exemplos de títulos à ordem[51]. Para além disso, os

---

[45] Títulos há que podem ser emitidos como títulos à ordem, ao portador ou nominativos: cfr., para o conhecimento de carga, o n.° 1 do art. 11.° do DL n.° 352/86, de 21 de Outubro.

[46] «Entrega real» é a expressão utilizada no art. 483.° do Código Comercial.

[47] Porém, as acções tituladas, ao portador ou nominativas, integradas em sistema centralizado de valores mobiliários ficam sujeitas ao disposto para os valores mobiliários escriturais integrados em tais sistemas: art. 105.° do CVM. As acções integradas em emissão ou série representada por um só título (caso se aceite essa possibilidade) são obrigatoriamente depositadas em intermediário financeiro ou em sistema centralizado (art. 99.°, n.° 1, al. b), do CVM). E, quanto a estes casos, dispõe ainda o n.° 5 do art. 99.° do CVM que ficam tais valores sujeitos ao regime dos valores mobiliários escriturais registados num único intermediário financeiro se não estiverem integrados em sistema centralizado. Essa sujeição ao regime dos valores mobiliários escriturais registados num único intermediário financeiro (cfr., especialmente, os arts. 63.° e 80.° do CVM) parece prevalecer, assim, sobre o disposto na al. a) do n.° 2 do art. 102.° do CVM.

[48] Cfr., mais uma vez, o art. 483.° do Código Comercial.

[49] Art. 11.°, I, LULL.

[50] Art. 77.°, II, LULL.

[51] Cfr. tb., p. ex., para os conhecimentos de depósito e *warrants* anexos, o art. 31.° do Decreto n.° 206, de 7 de Novembro de 1913, e o art. 26.° do Decreto

I. Dos Títulos de Crédito em Geral

títulos à ordem identificam o seu primeiro titular, o que torna normalmente possível estabelecer uma cadeia de endossos a partir daquele.

Por fim, os títulos nominativos exigem, para a sua transmissão, a intervenção do emitente, que pode ter lugar, por exemplo, realizando um registo a favor do adquirente. As acções tituladas nominativas transmitem-se, em regra, «por declaração de transmissão, escrita no título, a favor do transmissário, seguida de registo junto do emitente ou junto de intermediário financeiro que o represente»[52]. Como se vê pela leitura da al. c) do n.º 1 do art. 97.º do CVM, os títulos nominativos de acções devem conter a identificação do titular.

Em relação aos títulos nominativos discutiu-se, é certo, a sua qualificação como títulos de crédito. E isto porque o art. 483.º do Código Comercial dispunha que os títulos «não endossáveis nem ao portador» se transmitiam «nos termos prescritos no Código Civil para a cessão de créditos». Contudo, a verdade é que logo no § 2.º do art. 484.º do Código Comercial se fazia menção às acções e obrigações nominativas, sendo as mesmas ali tratadas como títulos de crédito[53].

No n.º 1 do art. 52.º do CVM, a distinção entre valores mobiliários nominativos e ao portador resulta de um critério diferente:

---

n.º 783, de 21 de Agosto de 1914; para os extractos de factura, o § 1.º do art. 3.º do Decreto n.º 19 490, de 21 de Março de 1931.

[52] N.º 1 do art. 102.º do CVM.

[53] Chamando a atenção para este aspecto, FERNANDO OLAVO, *Direito comercial*, v. II, 2.ª parte, fasc. I, cit., p. 56. No mesmo sentido, OLIVEIRA ASCENSÃO, *Direito comercial*, III, cit., p. 44, mas parecendo considerar que o art. 484.º do Código Comercial está revogado. Nesse sentido vai ainda PINTO FURTADO, *Títulos de crédito. Letra. Livrança. Cheque*, Almedina, Coimbra, 2000, p. 102, invocando o art. 3.º do DL n.º 29 637, de 28 de Maio de 1939, que estabelecia que a partir do início de vigência do CPC então aprovado (1 de Outubro de 1939) ficava revogada «toda a legislação anterior sobre processo civil e comercial (...)». Mesmo assim, se a revogação atinge o art. 484.º do Código Comercial, apenas se poderão considerar revogados os §§ 1.º, 2.º, 3.º e 4.º, únicos que parecem conter matéria estritamente processual.

24 *Títulos de Crédito e Valores Mobiliários*

o da faculdade do emitente conhecer ou não, a todo o tempo, a identidade dos titulares. Os valores mobiliários serão nominativos se o emitente tem essa faculdade; serão ao portador, se não a tem.

O critério constante do CVM vale para os valores mobiliários representados por registos em conta (escriturais) ou por documentos em papel (titulados). Se aceitarmos que por exemplo os títulos de acção são títulos de crédito, então tais títulos podem ser ao portador ou nominativos de acordo com dois critérios diferentes.

7.3. *Classificação dos títulos de crédito fundada nas consequências da emissão do título no direito incorporado. Títulos constitutivos e títulos declarativos*

Os títulos de crédito são geralmente apresentados como documentos constitutivos, embora sejam «uma espécie particular dos documentos constitutivos»[54]. E são constitutivos, diz-se, porque se entende que o direito incorporado é distinto do direito resultante da relação jurídica subjacente.

Mas nem todos os títulos de crédito são considerados constitutivos. O título de acção, por exemplo, é visto como declarativo[55].

---

[54] Ferrer Correia, *Lições de direito comercial*, III, cit., p. 5, que refere ainda que alguns autores preferem falar de documento dispositivo. Cfr., sobre a distinção entre títulos de crédito constitutivos e títulos de crédito declarativos, afirmando a rejeição da mesma pela generalidade da doutrina italiana do tempo, De Ferra, *La circolazione delle partecipazioni azionarie*, cit., p. 54. No sentido de que todos os títulos de crédito são constitutivos, cfr., p. ex., Ascarelli, «La teoria giuridica della circolazione e i titoli di credito negli studi recenti», *RDC*, 1934, I, p. 576 e ss. e p. 583; Fiorentino, «Distinzione di titoli di credito causali ed astratti», *RDC*, 1946, I, p. 565 e ss..

[55] Cfr., para a Alemanha, Nägele, *Die Mitgliedschaftspapiere*, Carl Winter, Heidelberg, 1937, p. 48 e s.; Kraft, *Kölner Kommentar zum Aktiengesetz*, (her. V. Wolfgang Zöllner), Bd. 1, §§ 1-75, Carl Heymanns, Köln-Berlin-
-Bonn-München, 1988, 2. Aufl., § 10, Rn. 7, p. 98; Hueck/Canaris, *Recht der Wertpapieren*, cit., p. 26; Brändel, *Aktiengesetz. Großkommentar*, (her. V. Claus Hopt/Wiedemann, Herbert), §§ 1-14, De Gruyter, Berlin-New York, 1992, 4.

I. Dos Títulos de Crédito em Geral 25

Isto na medida em que a socialidade surge antes do título e subsiste mesmo sem a sua incorporação no título. É necessário que a socialidade a incorporar já tenha surgido para que o título a incorpore. Não é o título que cria a socialidade, que já existe antes daquele. E o título também não pode incorporar uma socialidade que deixou entretanto de existir. Não há uma sociedade «cartular» ao lado de uma sociedade «subjacente». Por isso também, não tem sentido falar de uma relação cartular e de uma relação fundamental ou subjacente[56], como não tem sentido pensar que existem duas acções, uma cartular e outra resultante da relação subjacente.

O que se representa no título de acção é uma participação social. Essa participação social não se constitui com a representação. Dito de outro modo: o título não constitui a participação[57] ou uma outra participação adicional. A simples impressão material de um título não cria a participação na sociedade, como não a cria a entrega

---

Aufl., § 10, Rn. 10, p. 230, e Rn 29, p. 238; HEIDER, *Münchener Kommentar zum Aktiengesetz*, Bd. 1, §§ 1-53 (her. V. BRUNO KROPFF/JOHANNES SEMLER), Beck/ /Franz Vahlen, München, 2000, 2. Aufl., § 10, Rn. 6, p. 274; HÜFFER, *Aktiengesetz*, Beck, München, 2004, 6. Aufl., § 67, Anm. 2, p. 328, a propósito das acções nominativas, que considera serem *deklaratorischen Orderpapieren*. Na Itália, ASCARELLI, «La letteralità nei titoli di credito», cit., p. 265, defendia que na criação do título de acção estávamos perante um *negozio di accertamento* da qualidade de sócio; OPPO, «Titolo "incompleto" e titolo in bianco», *RDC*, 1951, I, p. 15 e ss., entendia, por seu lado, que a actividade de documentação é que poderá ser declarativa ou constitutiva, e não o título. Nos EUA, o *certificate* não é necessário para fazer do subscritor um *shareholder*: FLETCHER, *Fletcher cyclopedia of the law of private corporations*, Clark, Boardman, Callaghan, Deerfield/New York/Rochester, 1996, vol. 4, § 1376, p. 48; para o Delaware, cfr. BALOTTI/FINKELSTEIN, *The Delaware law of corporations and business organisations*, Aspen, New York, 2. Ed, 1996, § 5, p. 5-55 e 5-64, para quem o *certificate* é «merely evidence of the right to the share», é «*prima facie* evidence» da qualidade de accionista.

56 Cfr. DE FERRA, *La circolazione delle partecipazioni azionarie*, cit., p. 57; D'ALESSANDRO, *I titoli di partecipazioni*, Giuffrè, Milano, 1968, p. 246; ANGELICI, «La circolazione della partecipazione azionaria», cit., p. 220.

57 Cfr. FERRI, «Il concetto di titolo di credito», cit., p. 26.

26 *Títulos de Crédito e Valores Mobiliários*

daquele título a alguém. Isso vale também, por maioria de razão, para os casos em que os títulos são falsificados.

O título de acção vem, no entanto, tornar aplicável um conjunto de regras quanto à legitimação para o exercício dos direitos, quanto à transmissão da participação representada e quanto à tutela dos adquirentes: *com esse sentido*, poderá falar-se de uma função constitutiva do título de acção[58].

O título de acção é ainda constitutivo numa outra medida: é que, sem uma forma de representação, não há ainda valor mobiliário. Com a representação através de um título de acção (ou, se for o caso, através de registo em conta), o valor representado torna--se um valor mobiliário e fica sujeito às regras que a estes dizem respeito.

---

[58] Há quem atribua ao título de acção, se não uma função constitutiva, ao menos uma função dita dispositiva: cfr., nomeadamente, GASPERONI, *Le azioni di società*, cit., p. 90. Para uma referência às teses que afirmam que a incorporação da participação no título conduz a uma modificação da posição jurídica do accionista, cfr. ANGELICI, «La circolazione della partecipazione azionaria», cit., p. 215, nota 9, autor que, a p. 220, afirma que a emissão dos títulos é um momento em que passam a ser aplicáveis as regras relativas à circulação cartular, o que implicará uma modificação das posições subjectivas do sócio. Na doutrina portuguesa, FERNANDO OLAVO, *Direito comercial*, Volume II, 2.ª parte, fascículo I, cit., p. 70 e 75, sustentava que no título causal há «uma declaração de vontade cujo conteúdo consiste em constituir o direito circulável nele incorporado, passando tal direito a existir nos termos que derivam do próprio título. Logo, representa um negócio jurídico (...) que reconstitui um direito já existente, mas com as características que do título resultam e que passam a conformar esse direito, ou seja negócio declaratório», nessa medida concordando com Ascarelli; por sua vez, PEREIRA DE ALMEIDA, *Direito comercial*, 3.° vol., cit., p. 17, entende que mesmo o título de acção tem natureza constitutiva, na medida em que o direito incorporado «é distinto, designadamente quanto ao seu regime de circulação, dos direitos sociais decorrentes directamente do pacto social».

I. Dos Títulos de Crédito em Geral 27

7.4. *Classificação fundada no relevo da relação fundamental.* Títulos abstractos e títulos causais

Não é possível afirmar que a característica da abstracção se encontra presente em todos os títulos de crédito. Também Vivante não dizia isso na sua noção. Com efeito, nem todos os títulos são «abstractos», existindo títulos a que podemos chamar «causais»[59].

Mesmo relativamente aos títulos «abstractos» não se pode dizer que os negócios a eles relativos não tenham causa[60]. O que significa,

---

[59] Os próprios títulos causais não são todos idênticos: sobre a distinção entre causalidade formal e causalidade material, cfr. GUIZZI, *Il titolo azionario come strumento di legittimazione*, Giuffrè, Milano, 2000, p. 25, nota 23.

[60] Como diz GARCIA-PITA Y LASTRES, «Acciones nominativas y al portador», p. 549, «el Título-valor no representa un fenómeno de solipsismo económico-jurídico, porque ningún Título-valor se emite, transmite, endosa, acepta, avala, etc…, sin que en la base de cada uno de esos negocios exista una relación jurídica *subyacente*». Referindo-se à causa (remota), a propósito dos títulos de crédito, como relação subjacente, FERRER CORREIA, *Lições de direito comercial*, III, p. 47 (mas, na mesma página, também parece admitir a causa como função); FERNANDO OLAVO, *Direito comercial*, vol. II, 2.ª parte, Fascículo I, cit., p. 50 (mas, a p. 49, refere a causa-função); PEREIRA DE ALMEIDA, *Direito comercial*, 3.º vol., cit., p. 26 (embora, a p. 51, entenda que a causa é a função económica e social); PEDRO PAIS DE VASCONCELOS, *Direito comercial. Títulos de crédito*, cit., p. 33 (que, a p. 34, liga a função à convenção executiva, a qual, por sua vez, pode estar inserida no negócio subjacente); OLIVEIRA ASCENSÃO, *Direito comercial*, III, cit., p. 33 (afirmando que «a abstracção, nos títulos de crédito, se refere seguramente à causa entendida como relação fundamental»); PINTO MONTEIRO, «Causa do negócio jurídico», *Enciclopédia Verbo Século XXI*, Verbo, Lisboa, 1998, c. 490; PINTO FURTADO, *Títulos de crédito. Letra. Livrança. Cheque*, cit, p. 66 (porém, considerando também que a relação fundamental integra a causa função típica). Para uma leitura da causa dos negócios cambiários como interesse, CASTRO MENDES, *Teoria geral do direito civil*, II, AAFDL, Lisboa (ed. revista em 1985), p. 192. Para a Itália, com perspectivas não totalmente coincidentes, cfr., p. ex., ASCARELLI, «La letteralità nei titoli di credito», cit., p. 262 e ss. (considerando que nos títulos causais as obrigações cartulares têm a sua fonte no negócio de *accertamento* da relação fundamental); MESSINEO, *I titoli di credito*, vol. I, cit., p. 140 (a causa é entendida como «razão jurídica»);

28 Títulos de Crédito e Valores Mobiliários

isso sim, é que são, em maior ou menor medida, independentes da causa[61]. Com os títulos causais dá-se, naturalmente, o contrário.

O título de acção, por exemplo, é visto como um título causal[62], pois está ligado à causa da sua emissão no que diz respeito ao conteúdo da relação entre a sociedade e o accionista. Por isso, o seu conteúdo e as excepções oponíveis pela sociedade ao sócio são determinados pelo contrato de sociedade[63] e pelas deliberações sociais relevantes. O direito cartular não é diferente do direito causal[64] e os direitos dos sócios não resultam do título[65]. Daí que se afirme também que o título de acção não indica um concreto conteúdo, antes indica apenas uma medida desse conteúdo através do valor nominal das acções representadas[66]. A sociedade, como emitente da acção-título, pode em regra opor ao terceiro adquirente as excepções relativas à existência e conteúdo da socialidade. E assim, a sociedade emitente que altera o contrato de sociedade pode geralmente opor

---

GASPERONI, Le azioni di società, cit., p. 83 e ss. (a causa é a razão que justifica o reconhecimento do negócio pelo ordenamento jurídico).

[61] Em sentido próximo, FIORENTINO, «Distinzione di titoli di credito causali ed astratti», cit., p. 568.

[62] Cfr. VAZ SERRA, «Títulos de crédito», cit., p. 44; OLIVEIRA ASCENSÃO, «Valor mobiliário e título de crédito», Direito dos valores mobiliários, Lex, Lisboa, 1997, p. 71; ID., «As acções», Direito dos valores mobiliários, II, Coimbra Editora, Coimbra, 2000, p. 65; NUNO PINHEIRO TORRES, Da transmissão de participações sociais não tituladas, cit., p. 46; PEDRO PAIS DE VASCONCELOS, «As obrigações no financiamento da empresa», Problemas do direito das sociedades, IDET/Almedina, Coimbra, 2002, p. 326, nota 5. Também serão causais, p. ex., os títulos de obrigações (PEDRO PAIS DE VASCONCELOS, ult. ob. cit., p. 326), as guias de transporte e os conhecimentos de depósito (PEREIRA DE ALMEIDA, Direito Comercial, 3.º vol., cit., p. 52).

[63] Assim, BROSETA PONT, Restricciones estatutarias a la libre transmisibilidad de acciones, Tecnos, Madrid, 1963, p. 117.

[64] GALGANO, Il nuovo diritto societario, cit., p. 14.

[65] VAZ SERRA, «Acções nominativas e acções ao portador», BMJ, 176.º, cit., p. 48. Alguns autores referem-se mesmo a uma «causalità forte» a propósito dos títulos de acção: cfr. D'ALESSANDRO, «"Fattispecie" e "disciplina" del titolo azionario», RDCiv., 1971, I, p. 510 e ss.; ANGELICI, Della società per azioni. Le azioni, cit., p. 280.

[66] Assim, KLÄY, Die Vinkulierung, cit., p. 439.

8. Títulos de crédito desmaterializados?

Os títulos de acção têm sido encarados por grande parte da doutrina como títulos de crédito. Contudo, o CVM torna possível, designadamente, a representação de acções através de registos em conta, que serão então acções escriturais: cfr. o n.º 1 do art. 46.º.

Esses registos carecem de um suporte, que pode ser em papel ou informático[68]. Mas uma coisa é o suporte, e outra o registo[69]. Os suportes são apenas isso mesmo: suportes de registo.

Perguntar-se-á então se por exemplo as acções escriturais, os registos ou os suportes desses registos são títulos de crédito. As acções representadas não serão títulos de crédito: são o próprio valor representado. Por sua vez, os registos e os suportes dos mesmos apenas servem para o exercício dos direitos pelo titular registado.

Como vimos, e retomando a noção de Vivante, título de crédito é um «documento necessário para exercitar o direito literal e autónomo nele mencionado». Se no registo em conta e no seu suporte podemos ver documentos, a verdade é que, em caso de transmissão do valor representado, não é *o mesmo documento* que permite,

---

[67] Cfr. SANTOSUOSSO, *Il principio di libera trasferibilità delle azioni*, Giuffrè, Milano, 1993, p. 111, que chama a atenção para o facto de os títulos de acção serem distintos dos geralmente chamados títulos causais na medida em que o emitente (a sociedade) pode alterar o conteúdo do direito incorporado após a criação do título e a sua entrada em circulação (p. 120).

[68] O suporte deve ser informático se os registos estiverem integrados em sistema centralizado (n.º 1 do art. 65.º do CVM).

[69] Para mais desenvolvimentos, ALEXANDRE DE SOVERAL MARTINS, *Cláusulas do contrato de sociedade que limitam a transmissibilidade das acções*, Almedina, Coimbra, 2006, p. 182 e ss..

30 *Títulos de Crédito e Valores Mobiliários*

a cada novo titular, o exercício do direito. Para cada novo titular será feito um novo registo: *não é o registo que se transmite, não é o suporte que se transmite*[70].

9. Tipicidade/Atipicidade dos títulos de crédito

Não existindo um regime legal unitário aplicável aos títulos de crédito, assume maior interesse saber se só serão admissíveis os títulos de crédito previstos na lei ou se, pelo contrário, a criação dos mesmos é livremente permitida[71].

---

[70] Em sentido próximo, AMADEU JOSÉ FERREIRA, *Direito dos valores mobiliários*, Lisboa, 1997, p. 403. Desvalorizando o argumento, por considerar que «o que essencialmente importa é a circulação dos direitos», CARLOS FERREIRA DE ALMEIDA, «Registo de valores mobiliários», *Estudos em memória do Professor Doutor António Marques dos Santos*, Almedina, Coimbra, p. 932; este Professor, em «Valores mobiliários: o papel e o computador» *Nos 20 anos do Código das Sociedades comerciais. Homenagem aos Profs. Doutores A. Ferrer Correia, Orlando de Carvalho e Vasco Lobo Xavier*, vol. I, Coimbra Editora, Coimbra, 2007, p. 627, mantém que «os valores mobiliários, todos os valores mobiliários, em papel ou registados em computador, são títulos de crédito». O que se escreve no texto tem como pressuposto o regime constante do CVM para os valores mobiliários escriturais. Não significa, como é evidente, que o mesmo entendimento deva valer para todos os países. Para a França, veja-se o que adiante se diz acerca da *lettre de change-relevé magnétique* (*LCR-magnétique*).

[71] Defendendo a admissibilidade de títulos de crédito atípicos, PINTO FURTADO, *Títulos de crédito*, cit., p. 61; MOUTINHO DE ALMEIDA, *O contrato de seguro no direito português e comparado*, defende, a p. 45, a liberdade de criação de títulos de crédito causais. Contra a liberdade de criação de títulos de crédito, quanto aos títulos ao portador, ALBERTO DOS REIS, *Dos títulos ao portador*, França Amado, Coimbra, 1899, p. 302 e s.; acabando por defender que a liberdade de emissão de títulos de crédito será defensável *de lege ferenda* – mas acrescentando um «pelo menos», VAZ SERRA, «Títulos de crédito», cit., *BMJ*, 60.º, p. 16 e ss.). Para a Itália, no sentido da liberdade de emissão, MESSINEO, *I titoli di credito*, vol. I, cit., p. 78 e ss.; VIVANTE, *Trattato di diritto commerciale*, cit., p. 623, e *Tratado de derecho mercantil*, cit., p. 547 (para os títulos à ordem); FERRI, *Titoli di credito*, cit., p. 112 (com excepção dos títulos ao por-

No que diz respeito à criação de títulos de crédito através de negócios unilaterais[72], não pode ser deixado de lado o disposto no art. 457.º do Código Civil. De acordo com este último preceito, «a promessa unilateral de uma prestação só obriga nos casos previstos na lei». Assim, a criação de títulos de crédito através de negócios unilaterais está sujeita a esse limite.

Por outro lado, a criação livre de títulos de crédito que mencionassem direitos literais e autónomos introduziria perigosa insegurança no comércio. E isto porque aumentava assim a impossibilidade de prever quando é que alguém se estava a obrigar em termos particularmente gravosos[73]. Deve, pois, afastar-se em regra a possibilidade de livre criação de títulos de crédito que confiram direitos literais e autónomos.

Por isso, parece adequado sustentar a referida tipicidade taxativa, salvo quando a lei preveja regime diferente. Mas a isto voltaremos, noutro volume, quando analisarmos o art. 1.º do CVM.

---

tador que incorporam uma obrigação de pagar quantia em dinheiro, devido ao teor do art. 2004 do *Codice Civile*); GALGANO, *Diritto commerciale. L'imprenditore*, cit., p. 278 e s. (com a mesma excepção de Ferri); pronunciando-se a favor da liberdade de emissão apenas quanto aos títulos de crédito causais, ASCARELLI, *Teoria geral dos títulos de crédito*, cit., p. 415.

[72] E deixando de lado a questão de saber se poderão ser criados títulos de crédito através de outro tipo de negócios: considerando que «a criação do título de crédito se faz por um negócio jurídico unilateral», OLIVEIRA ASCENSÃO, *Direito comercial*. III, cit., p. 61.

[73] Em sentido próximo, OLIVEIRA ASCENSÃO, *Direito comercial*. III, cit., p. 61 e s.

II
A LETRA

1. Breves apontamentos históricos

Na Idade Média, a Europa conheceu alguns surtos de significativo desenvolvimento económico. Esse desenvolvimento era causa e consequência de um crescimento em importância e frequência das trocas comerciais. Para a realização dessas trocas, a circulação de valores assumia particular relevo.

Porém, as comunicações não eram fáceis nem seguras. Foi em grande parte para superar esse obstáculo que surgiu o *cambium per litteras*, que permitia «o pagamento dum logar sôbre outro, sem deslocação real do numerário»[74]. Inicialmente, o documento que estará na origem da letra tinha como função a *troca de moedas de diferentes praças*[75] e *não circulava à ordem*[76]. Aquela função permitia

---

[74] MARNOCO E SOUSA, *Das letras, livranças e cheques*, I, Lumen, Lisboa-Porto-Coimbra, 1921, 2.ª ed., p. 11. Do exposto no texto resulta que a letra primitiva tinha semelhanças com o cheque actual: nesse sentido, GALGANO, *História do direito comercial*, Signo, Lisboa, 1980, p. 47.

[75] E daí que, ainda hoje, se fale de letra *de câmbio*: lembrando este aspecto, OLIVEIRA ASCENSÃO, *Direito comercial*, III, cit., p. 89.

[76] Ligando a letra, na sua origem, ao contrato de câmbio, sem o qual aquela não existia, MOSSA, *Trattato della cambiale*, Cedam, Padova, 1956, p. 2. A separação entre ambos, segundo o mesmo escritor, ficou a dever-se à «opera tenace della dottrina francese». O autor descreve igualmente a evolução histórica do regime da letra, que aqui não se justifica desenvolver. Para a história da letra em

34 Títulos de Crédito e Valores Mobiliários

também *tornear a proibição da usura*, que afectava os contratos de mútuo[77]. O tomador da letra entregava uma certa quantia numa determinada moeda ao sacador, que por sua vez dava ordem de pagamento a um terceiro, numa outra praça, em moeda diferente. Como existia essa troca de moedas, podia ser cobrada uma quantia para pagamento do serviço prestado, quantia essa que não era abrangida pela referida proibição.

Hoje em dia, o regime da letra de câmbio é muito distinto. A letra transmite-se por *endosso* e é, por isso, um título *à ordem*. Inicialmente não era assim, uma vez que a quantia devia ser paga ao tomador[78].

Por outro lado, a letra não tem agora a função de troca de moedas de diferentes praças. O sacador não entrega uma moeda para receber outra moeda, nem tem de receber o valor constante do título em «praça» diferente[79].

Portugal, cfr. GONSALVES DIAS, *Da letra e da livrança*, I, Minerva, Famalicão, 1939, p. 35 e ss.; PAULO SENDIN, «Usura. Letra de câmbio e direito comercial», *Nos 20 anos do Código das Sociedades comerciais. Homenagem aos Profs. Doutores A. Ferrer Correia, Orlando de Carvalho e Vasco Lobo Xavier*, vol. III, Coimbra Editora, Coimbra, 2007, p. 890 e ss.. Na verdade, os documentos que permitem atribuir o direito de exigir uma certa prestação encontram-se na origem dos títulos de crédito em geral, cuja história pode ser encontrada em qualquer bom manual sobre a matéria, com referência, muitas vezes, a raízes «paleo-babilónicas»: referindo a hipótese, cfr. STAGNO D'ALCONTRES, *Il titolo di credito. Ricostruzione di una disciplina*, Giappichelli, Torino, 1999, p. 19, embora considere tratar-se de mera «ascendência funcional». Para a história dos títulos de crédito em geral, GOLDSCHMIDT, *Storia universale del diritto commerciale*, trad. it., UTET, Torino, 1913, p. 296 e ss..

[77] Sublinhando tal facto, PAVONE LA ROSA, *La cambiale*, cit., p. 3.

[78] Ou a um seu procurador: cfr. PINTO COELHO, *Lições de direito comercial*, 2.° vol., *As letras*, 1.ª parte, Carlos Souto, Lisboa, 1942, p. 9.

[79] Sobre a indicação do pagamento em moeda estrangeira («moeda que não tenha curso legal no lugar do pagamento»), cfr. o art. 41.° LULL. Resulta do art. 41.°, I, que em regra o devedor pode optar entre o pagamento na moeda do lugar do pagamento («segundo o seu valor no dia do vencimento») ou na moeda indicada na letra. Mas se o devedor se atrasa, passa a ser o portador que pode escolher entre a moeda do lugar do pagamento (e, neste caso, entre o «câmbio do dia

II. A Letra

Para além disso, o portador mediato do título, se legitimado por uma cadeia ininterrupta de endossos, encontra-se particularmente protegido.

É de tudo isso que vamos falar a seguir, tendo especialmente presentes as soluções consagradas na Lei Uniforme Relativa às Letras e Livranças (LULL)[80].

2. Noção

O título de crédito que é designado por letra[81] é um *documento em papel*[82] que contém uma *ordem de pagamento*[83] de uma *quantia determinada* dada pelo *sacador* ao *sacado* e à ordem do *tomador*.

---

do vencimento» e o «câmbio do dia do pagamento») e a moeda indicada na letra. Veja-se, também, que no art. 41.º, III, LULL, se prevê a hipótese de ser incluída na letra pelo sacador uma «cláusula de pagamento efectivo numa moeda estrangeira».

[80] Tal Lei consta do anexo I da «Convenção de Genebra estabelecendo uma lei uniforme em matéria de letras e livranças», assinada em 7 de Junho de 1934 (o anexo II contém o texto das reservas). Esta Convenção foi aprovada pelo DL n.º 23 721, de 29 de Março de 1934, juntamente com a «Convenção destinada a regular certos conflitos de leis em matéria de letras e livranças» (fundamental nos casos em que surge alguma relação com outro ou outros ordenamentos jurídicos) e a «Convenção relativa ao imposto do selo em matéria de letras e livranças» (assinadas naquela mesma data), tendo sido as três também confirmadas e ratificadas pela Carta de 10 de Maio de 1934.

[81] Que em Itália se chama *cambiale tratta*, na França *lettre de change*, embora a prática também a designe por *traite* (DELEBECQUE/GERMAIN, in RIPERT/ROBLOT, *Traité de droit commercial*, t. 2, 17.ª ed., LGDJ, Paris, 2004, p. 4), na Inglaterra *bill of exchange*.

[82] A evolução da informática permitiu encontrar um substituto para o documento em papel. Em França, a *lettre de change-relevé magnétique* (*LCR-magnétique*) não consta de um suporte em papel, mas apenas de uma banda magnética. Esta é enviada pelo emitente a uma entidade bancária e depois apresentada ao sistema de compensação do Banco de França, que faz chegar aos bancos dos sacados as *LCR* a pagar pelos respectivos clientes. No sentido de que a *LCR-mag-*

Se dizemos que a letra contém uma ordem de pagamento, logo vemos que se torna fácil a distinção entre aquela e a livrança. É que esta última contém não uma ordem de pagamento, mas uma *promessa* de pagamento[84]. A distinção fica, porém, menos clara se pensarmos que a letra pode ser sacada sobre o próprio sacador[85].

Por sua vez, o cheque contém também uma ordem de pagamento dada pelo sacador «sobre um banqueiro que tenha fundos à disposição do sacador e em harmonia com uma convenção expressa ou tácita, segundo a qual o sacador tem o direito de dispor desses fundos por meio de cheque»[86]. Importante é que os fundos estejam à disposição do sacador, tenham ou não sido depositados previamente por este[87]. Ora, a letra não tem de ser sacada sobre um banqueiro; o sacado também não terá fundos à disposição do sacador da letra de câmbio[88].

---

nétique não é um *titre cambiaire*, GAVALDA/STOUFFLET, *Droit bancaire*, 6.ª ed., Litec, Paris, 2005, p. 286. Já no caso da *lettre de change-relevé papier* (*LCR--papier*) existe suporte em papel, que no entanto não se destina a circular, pois é remetido pelo sacador ao seu banco para cobrança ou é emitido à ordem do banco. Este transpõe os dados constantes da *LCR-papier* para uma banda magnética que também é apresentada, nos termos acima referidos, ao sistema de compensação do Banco de França, seguindo-se os procedimentos relatados. Sobre tudo isto, cfr. DELEBECQUE/GERMAIN, in RIPERT/ROBLOT, *Traité de droit commercial*, cit., p. 8 e s.; entre nós, ALBERTO LUÍS, *Direito bancário*, Almedina, Coimbra, 1985, p. 148 e s.. Sobre a desmaterialização *da circulação* dos títulos de crédito em geral, ALEXANDRE SOVERAL MARTINS, *Cláusulas do contrato de sociedade que limitam a transmissibilidade das acções*, cit., p. 175 e ss..

[83] Art. 1.º, 2, LULL.

[84] Cfr. o art. 75.º, 2, LULL.

[85] Art. 3.º, II, LULL.

[86] Art. 3.º LUCH.

[87] Cfr. FERRER CORREIA/ANTÓNIO CAEIRO, «Recusa do pagamento do cheque pelo Banco sacado; responsabilidade do Banco face ao portador», *RDE*, IV, 1978, p. 457, e FERRER CORREIA/ALMENO DE SÁ, «Cessão de créditos. Emissão de cheque. Compensação», *CJ*, 1990, I, p. 42.

[88] Sobre as consequências da falta de fundos disponíveis ou da falta de convenção de cheque, cfr. o art. 3.º LUCH e NOGUEIRA SERENS, «Natureza jurídica e função do cheque», *RB*, 18, 1991, p. 104.

II. A Letra

Em regra[89], a emissão de uma letra ocorre porque existe uma relação entre o sacador e o sacado e uma relação entre o sacador e o tomador[90], que justificam aquela emissão.

A letra de câmbio permite, desde logo, *diferir no tempo* a realização de um pagamento. Em vez de pagar agora, o aceitante pagará uma quantia na data do vencimento da letra: por isso, a letra funciona como *instrumento de crédito*. Como pode circular através do endosso, a letra também permite a *circulação do crédito*. Mas, por outro lado, o tomador pode *obter imediatamente o pagamento* através, designadamente, do *desconto*. Por último, a letra, constituindo título executivo[91], permite o *recurso ao processo executivo* para obter o pagamento.

Com o *saque* da letra de câmbio, o próprio *sacador* (o que dá a ordem de pagamento) torna-se *obrigado cambiário* perante o tomador. É certo que isto pode parecer estranho. Contudo, o sacador é obrigado cambiário porque é *garante da aceitação e do pagamento* da letra perante o tomador da letra e posteriores portadores da mesma[92]. Por isso se diz que, atendendo a que o sacador assume o papel de garante, é ele o obrigado *inicial*[93]. Tal não significa que outras declarações não possam constar do documento antes do saque[94].

Como a ordem pode ser dada *sobre o próprio sacador*[95], é possível que o sacador dê a ordem de pagamento a si próprio. Mas, se

---

[89] Mas veja-se o que se passa com a letra de favor, o saque sobre o próprio sacador ou o saque à ordem deste.

[90] Sobre estas relações, cfr. PAVONE LA ROSA, *La cambiale*, cit., p. 26 e s., que afirma ser a relação entre o sacador e o sacado uma relação de *provisão*, que é de *crédito* (*provvista*), e a relação entre o sacador e o tomador uma relação de *valuta*, que é de *débito*. A terminologia é um pouco enganadora, pois ao falarmos de uma relação de provisão podemos criar a impressão de que o sacado tem fundos à disposição do sacador.

[91] Art. 46.º, n.º 1, al. c) do CPC.

[92] Art. 9.º, I, LULL.

[93] FERRER CORREIA, *Lições de direito comercial*, III, cit., p. 21.

[94] Cfr. o que adiante se escreve sobre a letra em branco.

[95] Art. 3.º, II, LULL.

não aceitar também, apenas responde como sacador[96]. Além disso, o sacador pode sacar a letra à sua própria ordem[97]. Nesse caso, o sacador fica colocado na posição de tomador.

A letra de câmbio, para além do saque, pode conter outros negócios cambiários. Assim, a letra pode conter o *aceite* pelo sacado[98]. Pelo aceite, o sacado faz sua a responsabilidade pelo pagamento da letra: aceita a ordem de pagamento contida no saque. Com o aceite, o sacado torna-se obrigado *principal*.

Na letra podemos encontrar ainda o *endosso*[99], pelo qual se transmite a letra. Por isso, a letra é um título *à ordem*: é um título de crédito que se transmite por endosso. Com o endosso, o endossante torna-se, em princípio, garante da aceitação e do pagamento da letra[100].

Da letra pode também constar um *aval*[101]. O avalista garante o pagamento da letra, no todo ou em parte. E garante esse pagamento por parte de algum dos restantes obrigados cambiários.

3. Requisitos externos da letra

O art. 1.º LULL enumera os requisitos formais da letra[102]. A letra deverá, assim, conter:

> «1. A palavra "letra" inserta no próprio texto do título e expressa na língua empregada para a redacção desse título;

---

[96] SANTONI, in CAMPOBASSO (a c. di), *La cambiale*, cit., p. 149.

[97] Art. 3.º, I, LULL.

[98] O aceite tem de constar da própria letra: art. 25.º, I, LULL.

[99] Que também pode constar de uma folha ligada à letra: art. 13.º, I, LULL.

[100] Art. 15.º, I, LULL.

[101] Que pode igualmente constar de folha anexa: art. 31.º, I, LULL.

[102] E que FERRER CORREIA, *Lições de direito comercial*, III, cit., p. 103, apresenta como requisitos do saque: requisitos da declaração do sacador.

II. A Letra

2. O mandato puro e simples de pagar uma quantia determinada;
3. O nome daquele que deve pagar (sacado);
4. A época do pagamento;
5. A indicação do lugar em que se deve efectuar o pagamento;
6. O nome da pessoa a quem ou à ordem de quem deve ser paga;
7. A indicação da data em que e do lugar onde a letra é passada;
8. A assinatura de quem passa a letra (sacador)».

Vejamos cada um desses requisitos um pouco mais em pormenor, deixando para momento posterior a análise das *consequências da falta* de algum deles[103].

A obrigatoriedade da inserção da palavra «letra» resulta da necessidade de *alertar* qualquer subscritor para a importância do acto que está a realizar. E isto tendo em conta que a letra e cada um dos negócios cambiários têm um *regime jurídico próprio*, que pode implicar consequências particularmente gravosas para o subscritor. Também por isso a palavra «letra» tem de surgir inserida *no próprio texto* do título. Não pode, por isso, surgir fora desse texto. E tem de surgir *na língua* empregada para a redacção desse título.

O «mandato puro e simples de pagar uma quantia determinada» é a *ordem de pagamento* que o sacador dá ao sacado. Aquele «mandato» é que constitui o saque: *a declaração do sacador*. Essa ordem deve ser *pura* e *simples* e deve dizer respeito a uma *quantia determinada*, e não apenas determinável.

Mesmo a cláusula de juros apenas será legal se, como dispõe o art. 5.º LULL[104], for estipulada pelo sacador e a letra for pagá-

---

[103] Os modelos e características das letras, aprovados em conformidade com o disposto no Código do Imposto do Selo, constam da Portaria n.º 28/2000, de 27 de Janeiro.

[104] Apenas estamos a falar, obviamente, de juros convencionais, que não se confundem com os juros de que trata o n.º 2 do art. 48.º LULL: cfr. ABEL DELGADO, *Lei uniforme sobre letras e livranças*, 6.ª ed., Petrony, Lisboa, 1990,

vel à vista ou a um certo termo de vista, pois nestes casos não seria possível calcular logo a quantia dos juros desde a data da emissão até ao vencimento. Além disso, a taxa de juro deve ser indicada na letra.

A letra contém ainda o *nome do sacado*: o nome do sujeito a quem é dirigida a ordem de pagamento e que, pelo aceite, se tornará obrigado cambiário. É, portanto, a essa pessoa que a letra será apresentada ao aceite[105]. O nome do sacado deverá ser indicado com a determinação suficiente para que se possa identificar o sujeito em causa através do documento.

No que diz respeito à indicação da *época do pagamento*, há que ter em conta que *a lei determina* expressamente como ela pode ser feita: a letra pode ser sacada *à vista*, a um certo *termo de vista*, a um certo *termo de data* ou ser pagável *em dia fixado*[106]. Trata-se de uma indicação importante para qualquer dos obrigados cambiários. Não são, aliás, admissíveis indicações de épocas de pagamento não previstas na lei[107]. O relevo da indicação da época do pagamento logo se alcança se se tiver presente o que a lei dispõe quanto ao prazo para a apresentação da letra ao aceite[108] e a pagamento[109].

Estabelece ainda o art. 1.º LULL que a letra contém a indicação do *lugar de pagamento*. É nesse lugar que o portador da letra deve apresentá-la a pagamento[110]. Lugar de pagamento é, aqui, não

---

p. 53. E quanto aos juros convencionais há que ter em conta os limites máximos que a lei estabeleça.

[105] Art. 21.º LULL. Quanto à indicação de vários sacados, sem grande certeza quanto à sua admissibilidade, PINTO COELHO, *Lições de direito comercial*, 2.º vol., *As letras*, 1.ª parte, cit., p. 72 e ss..

[106] Art. 33.º LULL.

[107] Não é admissível, por exemplo, que na letra se diga que a mesma é pagável quando o sacado terminar o curso de Direito ou quando chegar um determinado carregamento de mercadorias.

[108] Art. 21.º LULL.

[109] Art. 38.º LULL.

[110] Para outros aspectos relativamente aos quais assume importância a indicação do lugar do pagamento, cfr. p. ex. o art. 41.º LULL.

II. A Letra

apenas uma localidade (Coimbra, Lisboa, Porto, etc.), mas, na nossa opinião, um concreto endereço[111]. A letra pode até ser pagável no *domicílio de terceiro*[112]. Teremos então uma letra domiciliada[113]. Tendo em conta o disposto no n.° 1 do art. 120.° do Código do Notariado, o lugar de pagamento indicado na letra é ainda importante para identificar o cartório notarial onde pode ser realizado o protesto.

A letra conterá também a identificação da *pessoa a quem ou à ordem de quem* a letra deve ser paga (tomador)[114]. O sacador, ao dar a ordem de pagamento, indicará a quem esse pagamento deve ser efectuado. Não são, também por isso, admitidas letras ao portador[115].

O próprio sacador pode ser indicado como pessoa a quem o pagamento deve ser efectuado. Mas como a letra pode ser transmitida por endosso, pode ser dada uma nova ordem de pagamento ao sacado: e por isso é que a letra contém a indicação da pessoa a quem *ou à ordem de quem* deve ser paga.

A indicação da *data em que a letra é passada*, por sua vez, ajudará a determinar se o sacador tinha ou não capacidade no momento

---

[111] No mesmo sentido, PINTO COELHO, *Lições de direito comercial*, 2.° vol., Fasc. II, *As letras*, 2.ª parte, Carlos Souto, Lisboa, 1943, p. 20; GONSALVES DIAS, *Da letra e da livrança*, III, cit., p. 88.

[112] Art. 4.° LULL.

[113] Distinguindo entre *letra domiciliada em sentido próprio* (quando *o terceiro paga* a letra como representante do obrigado) e *letra domiciliada em sentido impróprio* (*o obrigado cambiário principal paga* a letra no domicílio do terceiro), ASQUINI, *Titoli di credito*, rist. rev., Cedam, Padova, 1966, p. 187 e s.; SANTONI, in CAMPOBASSO (a c. di), *La cambiale*, cit., p. 151 e s.. Se o sacador indicou na letra um lugar de pagamento que não é o domicílio do sacado e não designou um terceiro em cujo domicílio o pagamento deva ter lugar, pode o sacado, quando aceita, indicar a pessoa que deve pagar: veja-se o art. 27.°, I, LULL.

[114] Sobre a indicação de vários tomadores, e inclinando-se para a sua admissibilidade, PINTO COELHO, *Lições de direito comercial*, 2.° vol., *As letras*, 1.ª parte, cit., p. 88.

[115] Veja-se, contudo, o que se diz adiante quanto ao endosso em branco.

em que efectuou o saque[116]. Aquela data permitirá também, por exemplo, calcular os prazos para apresentação a pagamento das letras à vista[117] e a certo termo de data, e para apresentação ao aceite das letras a certo termo de vista[118]. A data em que a letra é passada permite ainda saber se o sacador era capaz ou se tinha poderes de representação[119].

A indicação do *lugar onde a letra é passada* será necessária para encontrarmos o direito nacional que deve ser aplicado para a resolução de muitos aspectos relativos à letra em causa[120].

Por fim, a *assinatura do sacador* permite afirmar que foi emitida a declaração cambiária que deu origem à letra. Aquela assinatura obriga desde logo o sacador, nos termos referidos no art. 9.º LULL.

4. A falta dos requisitos externos

Em princípio, a falta de requisitos referidos no art. 1.º LULL tem como consequência que o documento *não produzirá efeitos como letra*[121].

---

[116] Nesse sentido, PINTO COELHO, *Lições de direito comercial*, 2.º vol., Fasc. II, *As letras*, 2.ª parte, Carlos Souto, Lisboa, 1943, p. 11; OLIVEIRA ASCENSÃO, *Direito comercial*. III, cit., p. 107. No que diz respeito às letras pós-datadas, cfr. FAVARA, «Cambiale postdatata e bollo», *BBTC*, 1964, II, p. 34; SANTONI, in CAMPOBASSO (a c. di), *La cambiale*, cit., p. 191.

[117] Art. 34.º, I, LULL.

[118] Art. 23.º, I, LULL.

[119] SANTONI, in CAMPOBASSO (a c. di), *La cambiale*, cit., p. 150.

[120] Cfr., p. ex., os art. 3.º, 5.º e 6.º da «Convenção destinada a regular certos conflitos de leis em matéria de letras e de livranças», de 1930.

[121] Art. 2.º, I, LULL. Justifica-se, por isso, dizer que a letra é um título *rigorosamente formal*: nesse sentido, CAMPOBASSO, in CAMPOBASSO (a c. di), *La cambiale*, cit., p. 6; sobre os requisitos essenciais das letras e livranças, VASCO LOBO XAVIER/MARIA ÂNGELA COELHO BENTO SOARES, «Letras e livranças: requisitos essenciais (art. 1.º, n.ºs 1 e 2, e art. 75.º, n.ºs 1 e 2, da Lei Uniforme sobre Letras

II. A Letra   43

Não é, porém, esse necessariamente o resultado da falta da indicação da *época do pagamento*, do *lugar do pagamento* e do *lugar onde foi passada a letra*. Com efeito, a LULL contém algumas normas que permitem ou podem permitir que o documento ainda produza efeitos como letra não obstante não terem sido respeitados certos requisitos[122].

Assim, se a letra não contém a indicação da *época do pagamento*, é considerada como pagável *à vista*[123]. Ou seja, a letra, como vimos, deveria conter a indicação de que era pagável à vista, a um certo termo de vista, a um certo termo de data ou no dia fixado[124]. Faltando essa indicação, deverá entender-se que é pagável à vista: vale por dizer, é pagável *à apresentação*[125].

Se a letra não indica o *lugar do pagamento*, vale como tal o lugar que tenha sido designado *ao lado do nome do sacado*[126]. Esse lugar é, ao mesmo tempo, considerado como lugar do domicílio do sacado se nada for especialmente indicado.

Por fim, se nada consta da letra quanto ao lugar onde a mesma foi passada, ela considera-se passada no lugar designado ao lado do nome do sacador[127]. Mas se faltar também esse lugar ao lado do nome do sacador, o documento não produzirá efeitos como letra[128].

---

e Livranças», *RDE*, 13, 1987, p. 313 e ss.. Mas não se esqueça a possibilidade de emissão de letra em branco, como veremos a seguir.

[122] A distinção revela-se importante também atendendo ao teor da al. a) do n.º 1 do art. 119.º do Código do Notariado: «1 – Não são admitidas a protesto: a) As letras a que falte algum dos requisitos do artigo 1.º da Lei Uniforme Relativa às Letras e Livranças, quando a falta não possa ser suprida nos termos do artigo 2.º do mesmo diploma».

[123] Art. 2.º, II, LULL. Não parece ser a mesma a solução se a época de pagamento surge indicada de forma insuficiente ou ilegal: ASQUINI, *Titoli di credito*, cit., p. 185.

[124] Art. 33.º LULL.

[125] Art. 34.º, I, LULL.

[126] Art. 2.º, III, LULL.

[127] Art. 2.º, IV, LULL.

[128] Considerando que nesse caso a letra é nula, PEREIRA DE ALMEIDA, *Direito comercial*, 3.º vol., cit., p. 142.

5. A letra em branco/a letra incompleta. Acordos de preenchimento. Preenchimento abusivo

Como vimos, embora a lei enumere uma série de requisitos externos da letra, alguns desses requisitos não têm necessariamente de constar do título porque a própria lei se encarrega de suprir a falta daqueles. Podemos, assim, falar de requisitos *essenciais* e de requisitos *não essenciais*[129].

Serão requisitos *não essenciais*, na classificação que preferimos, aqueles que, embora estando enumerados no art. 1.º LULL, podem ter a sua falta suprida nos termos definidos no art. 2.º LULL. Os requisitos essenciais serão os restantes a que alude o art. 1.º LULL.

Todavia, pode dar-se o caso de faltarem requisitos essenciais da letra. Mesmo aí, importa verificar se foi ou não celebrado um *acordo de preenchimento* da letra[130]. Faltando esse acordo, o documento não poderá valer como letra: estaremos perante uma simples letra *incompleta*.

A lei, porém, admite a existência de acordos de preenchimento entre, desde logo, sacador e tomador. Tal admissibilidade resulta do disposto no art. 10.º LULL («Se uma letra incompleta no momento de ser passada tiver sido completada contrariamente aos

---

[129] Fazendo antes a distinção entre requisitos formais *essenciais* e requisitos formais *naturais*, SANTONI, in CAMPOBASSO (a c. di), *La cambiale*, cit., p. 147; PAVONE LA ROSA, *La cambiale*, cit., p. 77 e ss.. A distinção entre requisitos essenciais e não essenciais é também realizada por AFONSO QUEIRÓ/ALBINO VAZ/JOÃO MIRANDA, *Direito comercial*, Casa do Castelo, Coimbra, 1936, p. 357 e ss., mas considerando todos os requisitos indicados no art. 1.º LULL como essenciais; nesse sentido, FERRER CORREIA, *Lições de direito comercial*, III, cit., p. 103 e ss.. O que dizemos no texto aproxima-se mais da posição de OLIVEIRA ASCENSÃO, *Direito comercial*, III, cit., p. 101 e s.. Ao falarmos de requisitos *essenciais* estamos a pensar naqueles que têm necessariamente de ser *colocados* na letra.

[130] Em bom rigor, o problema tratado no texto pode colocar-se também para os requisitos não essenciais. Para uma maior clareza na exposição, não vamos abordar esta vertente.

II. A Letra 45

acordos realizados...»). Se assim for – se existir um acordo de preenchimento – poderemos falar não de uma simples letra incompleta, mas de uma letra em branco[131]. Nesta última, a imperfeição é querida como passageira.

Ainda assim, há que indagar se há ou não requisitos que *não possam ser deixados para preenchimento posterior*, mesmo que nos termos de um acordo de preenchimento. Isto é, requisitos que *desde o início* devem ser cumpridos pelo documento para se poder afirmar que estamos perante uma letra em branco e não perante um simples pedaço de papel.

Ora, na nossa opinião, a letra em branco, para poder ser considerada como tal, terá de conter, necessariamente, a palavra *letra*[132] e, bem assim, a *assinatura do sacador*[133]. Essa assinatura deverá ter

---

[131] Na ausência de disposição semelhante no Código Comercial, a doutrina e a jurisprudência nacionais discutiram longamente a questão da admissibilidade da letra em branco. Sobre o tema, GONSALVES DIAS, *Da letra e da livrança*, IV, Livraria Gonsalves, 1942, p. 370 e ss.. Tem sido debatido o problema de saber se o acordo de preenchimento tem de ser expresso, exigência essa que não parece admissível. Nesse sentido, cfr. o Ac. RL de 16/5/1996, *CJ*, 1996, III, p. 92 e ss., no qual também se aceita que a letra em branco dispensa a existência de acordo de preenchimento.

[132] Com a mesma opinião, AFONSO QUEIRÓ/ALBINO VAZ/JOÃO MIRANDA, *Direito comercial*, cit., p. 384; PEDRO PAIS DE VASCONCELOS, *Direito comercial. Títulos de crédito*, cit., p. 62; PEREIRA DE ALMEIDA, *Direito comercial*, 3.° vol., cit., p. 147; SANTONI, in CAMPOBASSO (a c. di), *La cambiale*, cit., p. 194; em sentido oposto, ULMER, *Das Recht der Wertpapiere*, cit., p. 198 (mas parecendo restringir tal posição a certos casos).

[133] Nesse sentido, ADRIANO ANTHERO, *Comentário ao Código Commercial Portuguez*, vol. I, Artes e Letras, Porto, 1913, p. 510, pelo menos, na medida em que afirmava que «a letra que não contiver a assignatura do sacador (...) não vale como letra»; GONSALVES DIAS, *Da letra e da livrança*, IV, cit., p. 431; PAULO SENDIN, *Letra de câmbio*, vol. I, Universidade Católica/Almedina, Coimbra, 1979, p. 44; PEDRO PAIS DE VASCONCELOS, *Direito comercial. Títulos de crédito*, cit., p. 62. Para a Itália, ASQUINI, *Titoli di credito*, cit., p. 197; SANTONI, in CAMPOBASSO (a c. di), *La cambiale*, cit., p. 194. Referindo antes a necessidade de constar do título a assinatura «duma pessoa que exprime a intenção de obrigar-se cambiàriamente ao subscrever um título com a designação explícita de letra», AFONSO

46 *Títulos de Crédito e Valores Mobiliários*

sido colocada com a intenção, por parte do subscritor, de se obrigar cambiariamente[134].

E mesmo que exista acordo de preenchimento a letra em branco *não produzirá efeitos como letra enquanto for letra em branco* – isto é, *antes do preenchimento com os requisitos essenciais* em falta[135].

Se foi celebrado um *pacto de preenchimento* de uma letra em branco, esse pacto é *oponível nas relações imediatas.* A violação do pacto de preenchimento não pode ser oposta ao *portador mediato,* «salvo se este tiver adquirido a letra de má fé ou, adquirindo-a, tenha cometido uma falta grave»[136].

Importa saber se o *portador mediato de boa fé* a quem o preenchimento abusivo não pode ser oposto é só aquele que *adquiriu a letra quando esta estava completa,* ou se a tutela conferida pelo

---

QUEIRÓ/ALBINO VAZ/JOÃO MIRANDA, *Direito comercial,* cit., p. 385; bastam-se também com a assinatura de sacador, aceitante, avalista ou endossante, MARNOCO E SOUSA, *Das letras, livranças e cheques,* cit., p. 137; «Letra em branco», *RLJ,* 55.º, p 273; VAZ SERRA, «Títulos de crédito», *BMJ,* 61.º, p. 265; FERRER CORREIA, *Lições de direito* comercial, vol. III, cit., p. 131; ABEL DELGADO, *Lei uniforme sobre letras e livranças,* cit., p. 72; OLIVEIRA ASCENSÃO, *Direito comercial,* III, cit., p. 114 (pelo menos aparentemente). Neste último sentido, para a Alemanha, HUECK/CANARIS, *Recht der Wertpapiere,* cit., p. 119. Na jurisprudência, veja--se, bastando-se com a assinatura de qualquer obrigado cambiário, o Ac. RP de 25/3/1980, *CJ,* 1980, II, p. 128. O problema não é apenas teórico: no Ac. RL de 5/2/1987, *CJ,* 1987, I, p. 116 e ss., abordava-se o caso de uma letra que, quando assinada pelo aceitante, não continha sequer o nome do sacador e muito menos a sua assinatura, letra essa que foi transmitida antes da assinatura do sacador.

[134] FERRER CORREIA, *Lições de direito comercial,* vol. III, cit., p. 131; GONSALVES DIAS, *Da letra e da livrança,* cit., 1942, vol. IV, p. 404; ABEL DELGADO, *Lei uniforme sobre letras e livranças,* cit., p. 72.

[135] ASQUINI, *I titoli di credito,* cit., p. 197 e s.; GUGLIELMUCCI, «Circolazione della cambiale in bianco», *RDC,* 1961, II, p. 119. Com diferente opinião quanto às excepções causais, considerando-as inoponíveis ao terceiro portador de boa fé da letra em branco, PAVONE LA ROSA, *La cambiale,* p. 136 e ss.; SANTONI, in CAMPOBASSO (a c. di), *La cambiale,* cit., p. 198 (desde que não esteja em branco o nome do primeiro tomador).

[136] Art. 10.º LULL. Sobre o sentido da má fé e da falta grave, cfr. o que adiante se diz acerca do art. 16.º, II, LULL.

art. 10.° LULL vale ainda para aquele portador mediato que *adquiriu a letra antes de ela estar completa*. Como a lei não distingue, sempre se poderia dizer que ambas as situações são abrangidas pelo preceito[137].

No entanto, não nos parece que assim seja. Com efeito, nos casos em que o sujeito que adquiriu a letra por endosso *acaba de a preencher*, parece mais coerente considerar que então não merece a tutela conferida pelo referido art. 10.° LULL. É que até ao preenchimento com os elementos essenciais a letra não produz efeitos como tal[138].

Além disso, sempre se poderá dizer que o endossado é «representante do endossante quanto ao contrato de preenchimento e, como tal, pode ver o subscritor opor-lhe as mesmas excepções que podia opor a este»[139].

6. Vias de letra. Cópias

Uma mesma letra pode ser sacada por várias vias[140]. Vale por dizer que a mesma letra pode constar de vários exemplares. Mas para isso é necessário que cada via tenha o seu número, constante do próprio texto. Sem isso, cada uma das vias é considerada uma letra distinta[141]. As vantagens do saque de várias vias de letra são as de diminuir o risco de perda do título e de facilitar a negociação da letra.

---

[137] É essa a solução defendida por FERRER CORREIA, *Lições de direito comercial*, vol. III, cit., p. 136 e ss., especialmente p. 139 e s.; PEREIRA DE ALMEIDA, *Direito comercial*, 3.° vol., cit., p. 157.

[138] Nesse sentido, AFONSO QUEIRÓ/ALBINO VAZ/JOÃO MIRANDA, *Direito comercial*, cit., p. 387 e 390.

[139] «Letra em branco», *RLJ*, 55.°, p. 259. Também PINTO COELHO, *Lições de direito comercial*, 2.° vol., Fasc. II, *As letras*, 2.ª parte, cit., p. 41, defendia solução idêntica à apresentada no texto.

[140] Art. 64.°, I, LULL.

[141] Art. 64.°, II, LULL.

48   *Títulos de Crédito e Valores Mobiliários*

O pagamento de uma das vias extingue a obrigação. Porém, se o sacado colocou o aceite em mais do que uma via, será responsável pelo pagamento de cada uma dessas vias com o seu aceite e que não lhe tenha sido restituída no momento do pagamento que realizou[142]. Por isso, é óbvio que, ao efectuar o pagamento de uma das vias, o aceitante terá todo o interesse em exigir a restituição de todas as vias com o seu aceite.

Se uma das vias é enviada ao aceite do sacado, o sujeito que a envia terá de indicar em cada uma das outras vias o nome da pessoa em cujas mãos se encontra a via remetida ao aceite, que está obrigada a entregá-la ao portador legítimo de outro exemplar[143].

As vias de letra não se confundem com as cópias de uma letra. Desde logo porque as vias só podem ser criadas com o saque, enquanto as cópias podem ser tiradas pelo portador da letra[144]. Essa cópia terá de reproduzir com exactidão o original[145] e pode ser endossada e avalizada[146].

7. Capacidade

O art. 7.º LULL torna claro que o sujeito que surge na letra como obrigado cambiário deve ter capacidade para se obrigar pela sua declaração cambiária[147]. No entanto, a incapacidade de exercício pode ser suprida nos termos legais[148].

---

[142] Art. 65.º, I, LULL.

[143] Art. 66.º, I, LULL.

[144] Art. 67.º, I, LULL.

[145] Art. 67.º, II, LULL.

[146] Art. 67.º, III, LULL. Cfr. tb., com interesse, o art. 68.º LULL.

[147] Sobre capacidade, veja-se ainda o art. 2.º da Convenção destinada a regular certos conflitos de leis em matéria de letras e de livranças, e o art. 7.º do Código Comercial.

[148] O art. 7.º LULL não faz distinção entre incapacidade de gozo e incapacidade de exercício, mas parece indicar que apenas tem em vista a segunda. Isto

II. A Letra 49

A questão da capacidade suscita-se logo quanto ao próprio acto pelo qual um sujeito surge a obrigar-se cambiariamente. O momento decisivo para se determinar se o sujeito que aparece na letra como obrigado cambiário é ou não capaz será o da entrega do título, por acto voluntário[149]. E, como se vê da leitura do art. 7.º LULL, a falta de capacidade para se obrigar por letras é, em regra, oponível ao portador[150].

Pode ainda suceder que um portador incapaz se apresente a exigir o pagamento da quantia constante da letra. Em confronto estão, desde logo, os interesses do que paga de boa fé, por um lado, e os interesses do incapaz, por outro. O problema, na nossa perspectiva, deve ser analisado tendo em conta o art. 40.º, III, LULL: «Aquele que paga uma letra no vencimento fica validamente desobrigado,

---

porque o referido preceito trata da incapacidade *de se obrigarem* por letras. No que diz respeito às pessoas colectivas, porém, é o problema da capacidade de gozo que assume especial importância. As pessoas colectivas não possuem um organismo «fisio-psíquico», na expressão de MANUEL DE ANDRADE, *Teoria geral da relação jurídica*, I, Almedina, Coimbra, 1983 (reimp.), p. 114. Pelo que necessitam de alguém que intervenha por elas e no seu interesse, formando e manifestando a vontade imputável ao ente. Essa formação e manifestação da vontade do ente tem lugar através de órgãos. Como é óbvio, para a capacidade de exercício de direitos das pessoas colectivas assume particular interesse o estudo dos órgãos de representação. Sobre isto, ALEXANDRE SOVERAL MARTINS, «Da personalidade e capacidade jurídicas das sociedades comerciais», AA.VV. (coord. COUTINHO DE ABREU), *Estudos de direito das sociedades*, Almedina, Coimbra, 9.ª ed., 2008, p. 119 e ss.. Se o art. 7.º LULL não abrange a incapacidade de gozo, é duvidosa a solução a dar para os casos em que as sociedades comerciais garantem, através de declaração cambiária, o pagamento de uma dívida de outra entidade, atendendo ao disposto no art. 6.º, n.º 3, do CSC.

[149] Nesse sentido, entre nós, GONSALVES DIAS, *Da letra e da livrança*, VI, 2.ª, cit., p. 399.

[150] A análise desenvolvida de todas as causas de incapacidade e o reflexo que o respectivo regime pode ter em matéria cambiária levar-nos-ia demasiado longe. Para outros desenvolvimentos, designadamente quanto aos casos em que o menor não pode invocar a falta de capacidade no direito civil, PINTO COELHO, *Lições de direito* comercial, 2.º vol., Fasc. II, *As* letras, 2.ª parte, cit., p. 89 e ss.; VAZ SERRA, «Títulos de crédito», BMJ, 60.º, p. 110 e ss..

salvo se da sua parte tiver havido fraude ou falta grave. É obrigado a verificar a regularidade da sucessão dos endossos mas não a assinatura dos endossantes». E, portanto, julgamos que também não terá, à partida, de verificar a capacidade do portador. Contudo, para além dos casos de fraude, o devedor não fica desobrigado se actua com falta grave. E, na apreciação desta, deve ser tida em conta, designadamente, a eventual publicidade conferida à incapacidade.

8. Representação

Os negócios cambiários podem ser celebrados por intermédio de representantes. Esses representantes podem ser representantes legais, orgânicos ou voluntários.

Interessa referir desde já que o representante sem poderes ou que actua com excesso de poderes de representação está sujeito ao disposto no art. 8.º LULL: «Todo aquele que apuser a sua assinatura numa letra, como representante duma pessoa, para representar a qual não tinha, de facto, poderes, fica obrigado em virtude da letra e, se a pagar, tem os mesmos direitos que o pretendido representado. A mesma regra se aplica ao representante que tenha excedido os seus poderes».

O preceito que acabámos de reproduzir aplica-se a todos os casos em que alguém actua em representação de outrem. Aplica-se, portanto, nos casos em que o sujeito que apõe a assinatura actua como representante voluntário (*v.g.*, como procurador), como representante legal ou como representante orgânico (por exemplo, como gerente ou administrador de uma sociedade comercial).

Pelo exposto, assume importância particular saber se quem actua como representante tem ou não essa qualidade. O art. 8.º LULL aplica-se, certamente, aos casos em que a qualidade referida não existe.

Aquele que actua como representante de outrem pode sê-lo, mas não ter poderes para o acto. Ainda assim, vale o mesmo regime. É o que dispõe o art. 8.º para o excesso de poderes.

Não parece de excluir que possa ter lugar a ratificação da representação sem poderes[151]. Nesse caso, o art. 8.° LULL já não se aplicará. Mas, por outro lado, se o representante sem poderes não vincula o representado e fica ele próprio vinculado, isso não afasta a possibilidade de o representante responder pelos danos causados por ter actuado como o fez.

Importante também é que a assinatura do representante permita identificá-lo. Deve ser possível afirmar que aquela é a assinatura do referido representante. O que não parece significar que a assinatura tenha de ser legível[152].

Além disso, supomos que a qualidade de representante não tem de resultar de indicação expressa constante do documento[153] e muito menos de fórmulas sacramentais[154]. É, no entanto, aconselhável que seja feita aquela indicação expressa.

Pelo seu interesse prático, justificam-se algumas palavras mais acerca da representação orgânica de sociedades comerciais na subscrição de letras[155].

Vamos supor que A, gerente único de uma sociedade por quotas e actuando nessa qualidade, coloca a sua assinatura no lugar des-

---

[151] SANTONI, in CAMPOBASSO (a c. di), *La cambiale*, cit., p. 229.

[152] Sobre o problema, cfr. PELLIZZI, «Firma, sostanza e forma», *Giur. It.*, 1967, I, 2, p. 483; SPADA, «"Forma" e "verità" della sottoscrizione cambiaria», *RDCiv.*, 1981, II, p. 234 e ss..

[153] Sobre o tema, cfr. ANGIELLO, «Note minime in tema di reppresentanza cambiaria», *Giur. Comm.*, 1986, II, p. 112.

[154] SANTONI, in CAMPOBASSO (a c. di), *La cambiale*, cit., p. 241.

[155] Sobre o tema, cfr. o nosso estudo intitulado «Sobre a indicação da qualidade de gerente de uma sociedade por quotas – Ac. de Uniformização de Jurisprudência n.° 1/2002, de 6 de Dezembro de 2001», Cadernos de Direito Privado, n.° 2, Abril/Junho 2003, p. 20 e ss.; CAROLINA CUNHA, «Vinculação cambiária de sociedades: algumas questões», *Nos 20 anos do Código das Sociedades comerciais. Homenagem aos Profs. Doutores A. Ferrer Correia, Orlando de Carvalho e Vasco Lobo Xavier*, vol. I, Coimbra Editora, Coimbra, 2007, p. 361 e ss.; CASSIANO DOS SANTOS, *Direito Comercial Português*, cit., p. 272, nota 248; para a Itália, D'ALESSANDRO, «Amministratore di società di capitali e potere di rappresentanza cambiaria», *Giust. Civ.*, 1981, I, 3071 e ss.; BORGIOLI, «La rappresentanza cambiaria nelle società di capitali», *Giur. Comm.*, 1982, II, p. 383 e ss..

tinado ao aceitante numa letra sacada por B. C, portador mediato, pretende que a sociedade lhe pague a quantia em dívida. Sucede, porém, que A não escreveu as palavras «o gerente», embora tenha assinado a letra no lugar do aceitante e tenha colocado por cima da sua assinatura o carimbo com a firma da sociedade. No lugar destinado à indicação do sacado, consta a firma da sociedade por quotas em causa.

Das circunstâncias de facto enunciadas, várias resultam do texto do documento. No texto do documento, temos a assinatura do A, o carimbo com a firma da sociedade, a firma da sociedade no lugar do sacado. Outras circunstâncias não podem ser retiradas do texto do documento: foi A que colocou por cima da assinatura o carimbo com a firma da sociedade.

Dois grandes problemas podem ser aqui identificados. Em primeiro lugar, há que saber se a indicação da qualidade de gerente tinha de ser expressa. Em segundo lugar, justifica-se procurar saber se a interpretação das declarações cambiárias pode ser realizada recorrendo a elementos estranhos ao documento.

No n.º 4 do art. 260.º do CSC pode ler-se o seguinte: «Os gerentes vinculam a sociedade, em actos escritos, apondo a sua assinatura com indicação dessa qualidade». Redacção semelhante tem, para as sociedades anónimas com conselho de administração, o n.º 4 do art. 409.º[156].

Importa, por isso, verificar se a indicação da qualidade de gerente ou de administrador tem de ser expressa.

Também as declarações cambiárias têm de ser interpretadas. Essa tarefa de interpretação deve ser realizada para sabermos se quem assina o faz em nome pessoal ou em representação de outrem e, neste caso, em representação de quem. Contudo, é preciso não esquecer que estamos perante negócios formais.

Daí que se possa perguntar se bastarão os critérios de interpretação dos negócios jurídicos consagrados nos arts. 236.º e 238.º

---

[156] Para as sociedades anónimas com conselho de administração executivo, o n.º 3 do art. 431.º do CSC manda aplicar o art. 409.º.

II. A Letra

do Código Civil[157] ou se deveremos exigir um ainda maior objectivismo, designadamente nas relações mediatas. É que o art. 238.º referido não exclui o recurso a circunstâncias exteriores ao documento[158].

Sobre o problema, escreveu Ferrer Correia que «o interesse em fomentar, quanto aos títulos de crédito, a sua rápida e fácil circulação [...] aconselham um formalismo rigoroso que, além do mais, permita prescindir, dentro de certos limites, da vontade real ou hipotética das partes, para atender antes às declarações constantes do título em que o negócio haja sido documentado, tomadas essas declarações na sua pura objectividade»[159]. Julgamos, no entanto, que as palavras que reproduzimos só permitem concluir que a tomada das declarações «na sua pura objectividade» se justifica quanto aos aspectos abrangidos pelo «formalismo rigoroso» referido por aquele Professor. Esse «formalismo rigoroso» é, para as letras, aquele de que trata a LULL: é o «formalismo rigoroso» indispensável para se aplicar o regime das letras[160]. Formalismo rigoroso em matéria de requisitos essenciais que também acaba por proteger os subscritores, ao alertá-los para o alcance dos actos que praticam.

No que diz respeito à interpretação de declarações cambiárias, faz-se sentir, sem dúvida, a necessidade de proteger os portadores mediatos. Essa maior exigência de protecção torna-se clara se tivermos em conta que a circulação da letra pode colocá-la nas mãos de um portador que não tenha qualquer possibilidade de conhecer cir-

---

[157] Chamando a atenção para as dificuldades que resultam de se poder considerar que as declarações cambiárias se dirigem também a destinatários indeterminados, CAROLINA CUNHA, «Vinculação cambiária de sociedades: algumas questões», cit., p. 376 e ss..

[158] Nesse sentido, RUI DE ALARCÃO, «Interpretação e integração dos negócios juridicos», *BMJ*, n.º, p. 337.

[159] FERRER CORREIA, *Lições de direito comercial*, I, Coimbra, 1973, p. 34 e ss..

[160] Sobre o problema, V. G. LOBO XAVIER/MARIA ÂNGELA COELHO BENTO SOARES, «Letras e Livranças: requisitos essenciais (art. 1.º, n.ºs 1 e 2, e art. 75.º, n.ºs 1 e 2, da Lei Uniforme Sobre Letras e Livranças)», *RDE*, 13, 1987, p. 320.

cunstâncias exteriores ao documento. O rigor formal em matéria cambiária, designadamente no que diz respeito à interpretação, apoia-se na ideia de protecção de terceiros, em particular de portadores mediatos, tendo em conta que as letras são documentos pensados para a circulação.

Por isso mesmo, interrogamo-nos acerca do sentido de invocar esse rigor formal quando tal invocação tem lugar pelo obrigado cambiário em prejuízo do portador mediato e para impedir o recurso a circunstâncias exteriores ao texto do documento. Terá sentido invocar o rigor formal quando isso acarreta um prejuízo para aquele que se pretendia proteger, designadamente porque a sociedade consegue afastar a sua vinculação?

As dificuldades sentidas na interpretação do n.º 4 do art. 260.º do CSC[161] foram em parte enfrentadas pelo Acórdão de Uniformização de Jurisprudência n.º 1/2002, estando em causa a vinculação de uma sociedade por quotas pelo saque de uma letra de câmbio.

O Acórdão referido fixou a seguinte jurisprudência: «A indicação da qualidade de gerente prescrita no n.º 4 do art. 260.º do CSC pode ser deduzida, nos termos do art. 217.º do CC, de factos que, com toda a probabilidade, a revelem». Não havendo indicação da qualidade de gerente com a utilização das palavras «o gerente da sociedade X» ou equivalentes, mas podendo aquela indicação ser retirada de factos que «com toda a probabilidade, a revelem», também não se vê como é que existiria um vício de forma por tais palavras não terem sido utilizadas.

O Acórdão de Uniformização 1/2002 foi proferido em resultado de um recurso interposto num processo que corria entre sacadora e sacada/aceitante: estávamos nas relações imediatas. No entanto, a jurisprudência uniformizada não contém qualquer distinção entre relações imediatas e relações mediatas.

Se, como manda fazer o Acórdão de Uniformização, recorrermos ao disposto no art. 217.º do Código Civil, haverá que determinar se há ou não factos concludentes no sentido de deles se poder

---

[161] Ou do n.º 4 do art. 409.º do CSC.

retirar um conteúdo «oblíquo»[162]: no sentido de deles se poder retirar uma declaração tácita[163]. Claro que, para sabermos se há ou não uma declaração tácita, é também necessário interpretar o conteúdo expresso da declaração.

9. O saque. A responsabilidade do sacador

O saque é a *ordem de pagamento* que o sacador dá ao sacado. Pelo saque, diz-se, o sacador *cria* a letra de câmbio[164]. Aquela ordem de pagamento deve ser *pura* e *simples*. Daí que a ordem não possa surgir subordinada a condições.

A razão é simples: a obrigação cambiária tem a característica da *literalidade*, que não se vê como compatibilizar com a necessidade de o portador mediato ter de investigar se as condições se verificaram ou não[165].

---

[162] Sobre estes conceitos, cfr. CARLOS MOTA PINTO, *Teoria geral do direito civil*, Coimbra Editora, Coimbra, 4.ª ed., 2005, p. 422.

[163] No entanto, talvez nem seja necessário invocar sempre o disposto no art. 217.º do Código Civil. Mesmo com as limitações do art. 238.º, não poderia o conteúdo directo dos comportamentos ser interpretado no sentido de deles se retirar que continham a indicação da qualidade de gerente de quem assinava?

[164] FERRER CORREIA, *Lições de direito comercial*, III, cit., p. 143; PEDRO PAIS DE VASCONCELOS, *Direito comercial. Títulos de crédito*, cit., p. 63. Importa saber se o sacador pode criar a letra de câmbio e colocá-la em circulação sem acordo do sujeito indicado como sacado. O problema revela o seu interesse prático sobretudo nos casos em que o sacado *legitimamente* não aceita ou não paga e tem lugar o protesto, com o eventual prejuízo para o nome do sacado. Quando se verifiquem tais situações, há que perguntar se o sacador estará obrigado a indemnizar os danos sofridos pelo sacado. Sobre o tema, com posições nem sempre coincidentes, TRONABUONI, «Protesto di tratta non autorizzata e risarcimento danni», *BBTC*, 1937, II, p. 102 e ss.; BRACCO, «In tema di autorizzazione a trarre cambiale», *RDC*, 1940, II, p. 501 e ss.; ID., «Ancora sull'emissione di tratta non autorizzata», *RDC*, 1942, II, p. 193 e ss.; BIGIAVI, «Tratta senz'autorizzazione: epilogo», *BBTC*, 1942, I, p. 36 e ss.. Para o ressaque, veja-se o art. 52.º LULL.

[165] SANTONI, in CAMPOBASSO (a c. di), *La cambiale*, cit., p. 148; PAVONE LA ROSA, *La cambiale*, cit., p. 78 e s..

A ordem de pagamento tem de ser de uma *quantia determinada*[166]. A quantia não pode ser, por isso, apenas determinável, designadamente por remissão para factos exteriores ao título[167]. Até porque, mais uma vez, há que evitar que o portador mediato seja obrigado a realizar *indagações fora do título* para saber qual a quantia devida[168].

Normalmente, a letra é sacada pelo sacador sobre o sacado a favor do tomador ou à sua ordem. Mas não tem de ser assim. O saque pode ser feito *sobre o próprio sacador*, como logo se retira do art. 3.º, II, LULL[169]. E pode também realizar-se o saque *a favor do sacador*: veja-se, agora, o art. 3.º, I, LULL[170]. Nada proíbe, parece, que o saque seja feito *sobre o sacador a favor do sacador*[171].

Com o saque, o sacador *garante também a aceitação e o pagamento* da letra[172]. A sua responsabilidade é, aliás, *solidária* com a do aceitante, endossante ou avalista, nos termos do disposto no art. 47.º LULL.

---

[166] Sobre a indicação de moeda estrangeira, cfr. o art. 41.º LULL.

[167] ASQUINI, *Titoli di credito*, cit., p. 180. Sobre a cláusula de juros, cfr. o art. 5.º LULL.

[168] O aceitante pode, no entanto, limitar o aceite «a uma parte da importância sacada» (art. 26.º, I, LULL) e o avalista pode garantir o pagamento apenas em parte (art. 30.º, I, LULL).

[169] Quando às dificuldades de distinção, nestes casos, entre letra e livrança, PAULO SENDIN, *Letra de câmbio*, I, cit., p. 428 e ss..

[170] O sacador pode ter interesse em sacar a letra à sua ordem para a colocar em circulação apenas depois de obter o aceite do sacado: PAVONE LA ROSA, *La cambiale*, cit., p. 80, nota 10. Antes de a lei expressamente admitir o saque à ordem do sacador, a doutrina identificava dificuldades na aceitação do mesmo. E isto porque não se compreenderia então *onde estava a obrigação de regresso* quanto ao sacador. Sobre isto, cfr. PAULO SENDIN, *Letra de câmbio*, I, cit., p. 423 e s. e p. 426 e ss..

[171] Discute-se, ainda, se será possível o *saque à ordem do sacado*, o que parece de rejeitar: sobre o problema, PAULO SENDIN, *Letra de câmbio*, vol. I, cit., p. 431.

[172] Art. 9.º, I, LULL.

II. A Letra 57

Porém, o art. 9.°, II, LULL, dispõe que «o sacador pode exonerar-se da garantia da aceitação; toda e qualquer cláusula pela qual ele se exonere da garantia do pagamento considera-se como não escrita». Ou seja: o sacador pode exonerar-se da garantia de aceitação[173] mas, ainda quando isso aconteça, não se exonera da garantia do pagamento nem pode fazê-lo.

10. O aceite

O aceite é a declaração do sacado pela qual este se obriga «a pagar a letra à data do vencimento» da mesma. É o que se retira do art. 28.°, I, LULL. Se não aceitar a letra, o sujeito indicado como sacado não fica obrigado pela letra. Pode é dar-se o caso de se ter comprometido antes a aceitar a letra. A posterior recusa pode gerar a obrigação de indemnizar aquele perante o qual se comprometeu nos termos referidos[174].

Como é o aceitante que se obriga a pagar a letra na data do seu vencimento, é considerado o obrigado *principal*.

A *apresentação ao aceite* deve ter lugar *até à data do vencimento* da letra, como se lê no art. 21.° LULL. Após o vencimento, aquela apresentação para aceite já não pode ter lugar: a apresentação que então se faça ao sacado deverá ser para pagamento.

A apresentação ao aceite pode ser efectuada pelo portador da letra ou por um simples detentor. Quando o sacado pretenda reali-

---

[173] Exoneração cuja importância logo se alcança em face do disposto no art. 43.°, 1.°, LULL.

[174] E que em regra será o sacador. Sobre o tema tratado no texto, ASQUINI, *Titoli di credito*, cit., p. 205 e s.. Em princípio, o sacado não fica responsável perante o *terceiro portador* se não cumpre a obrigação de aceitar que assumiu perante o *sacador*. Problema diferente, que já referimos, é o de ser sacada uma letra sobre alguém que não estava a contar que isso acontecesse.

zar alguma averiguação, pode exigir segunda apresentação ao aceite para o dia seguinte[175].

É no domicílio do sacado que a letra deve ser apresentada ao aceite[176]. Se na letra esse domicílio não está expressamente indicado, considera-se como tal o lugar indicado ao lado do nome do sacado[177].

O aceite deverá ser escrito *na própria letra* (e não em outro documento), com a palavra aceite ou outra equivalente, e deve ser assinado pelo sacado[178]. No entanto, o sacado deve ter particular cuidado, pois *valerá como aceite a simples aposição da assinatura daquele na parte anterior da letra* (aceite «em branco») – deverá ter particular cuidado, disse, porque a sua assinatura valerá como aceite mesmo que desacompanhada da palavra aceite ou outra equivalente[179].

O aceite deve ser *puro* e *simples*. Porém, o sacado pode fazer um aceite *parcial*. Este será um aceite limitado a uma parte da importância sacada, o que é permitido pelo art. 26.º, I, LULL.

Em regra, o aceite não tem de ser datado, mas deve ser datado se a letra é pagável a certo termo de vista ou se deve ser apresentada ao aceite em prazo fixado por estipulação especial[180]. Nestes casos em que o aceite deve ser datado, a data deve ser a do dia em que o aceite é dado, a menos que o portador exija a data da apresentação ao aceite. Se o aceite não tiver data (e tratando-se de letra pagável a certo termo de vista ou que deva ser apresentada ao aceite em prazo estipulado), o portador que quiser conservar os seus direitos contra endossantes e sacador «deve fazer constar essa omissão por um protesto, feito em tempo útil»[181]. Mas para a letra a certo termo de

---

[175] Art. 24.º, I, LULL.

[176] Art. 21.º LULL.

[177] Art. 2.º, III, LULL.

[178] Art. 25.º, I, LULL.

[179] Sobre a anulação do aceite, cfr. o art. 29.º LULL, do qual resulta que aquela só pode ter lugar antes da restituição da letra.

[180] Art. 25.º, II, LULL. Cfr. tb. o art. 23.º, I, e 22.º, I, III e IV, LULL.

[181] Art. 25.º, II, LULL.

II. A Letra

vista dispõe o art. 35.°, II, LULL, que «na falta de protesto, o aceite não datado entende-se, no que respeita ao aceitante, como tendo sido dado no último dia do prazo para a apresentação ao aceite».

Em regra, a apresentação ao aceite não é obrigatória.

Contudo, o sacador pode estipular o *dever de apresentação* ao aceite. Como se lê no art. 22.°, I, LULL, «o sacador pode, em qualquer letra, estipular que ela será apresentada ao aceite, com ou sem fixação de prazo»[182].

Além disso, na letra sacada *a certo termo de vista* o vencimento «determina-se, quer pela data do aceite, quer pela do protesto»[183]. A letra a certo termo de vista deve, em princípio, ser apresentada ao aceite no prazo de um ano a contar da sua data[184].

Mas, por outro lado, o sacador também pode *proibir* na letra que esta seja apresentada ao aceite (letra «não aceitável»). Essa possibilidade já *não existe* nos seguintes casos, identificados no art. 22.°, II, LULL:

a) quando a letra seja *pagável em domicílio de terceiro* ou *em localidade diferente da do domicílio do sacado*, pois o sacado tem de estar em condições de poder tomar as diligências necessárias para que tal pagamento se realize;

b) quando a letra seja sacada *a certo termo de vista*, tendo em conta a importância do aceite para se determinar o vencimento da letra.

---

[182] A estipulação pelo sacador de um prazo para aceite obriga a ter especialmente em conta o disposto no art. 53.°, II, LULL.

[183] Art. 35.°, I, LULL. Cfr. tb. o art. 25.°, II, LULL.

[184] Art. 23.°, I, LULL. O sacador pode reduzir ou aumentar esse prazo, mas o endossante apenas o pode reduzir. Parece, porém, que esta última redução do prazo apenas pode aproveitar ao próprio endossante. Mas a questão é de difícil resolução atendendo ao teor do art. 69.° LULL. Sobre os termos do problema, PINTO COELHO, *Lições de direito comercial*, 2.° vol., Fasc. III, *As letras*, 3.ª parte, Lisboa, 1944, p. 37.

60 *Títulos de Crédito e Valores Mobiliários*

A utilidade da letra «não aceitável» revela-se nos casos em que o sacado não quer aceitar a letra mas não se importa de a pagar na data do vencimento[185].

A *recusa de aceite* deve ser comprovada por um *protesto* para daí retirar as inerentes vantagens[186].

11. (cont.) A recusa do aceite

O sacado apenas se torna obrigado cambiário através do aceite. Se, ao ser-lhe apresentada a letra para o aceite, o sacado recusa esse aceite, o portador deve realizar o protesto por falta de aceite[187].

Dessa forma[188], como a recusa de aceite implica a antecipação do vencimento, o portador pode exercer os seus direitos de acção antes do vencimento, nos termos do art. 43.° LULL, contra os endossantes, sacador e outros co-obrigados[189].

Por aí logo se vê o interesse que os referidos sujeitos também têm, normalmente, em que seja obtido o aceite do sacado.

12. (cont.) Aceite por intervenção

Os obrigados de garantia podem, nos termos legais, ser forçados a pagar a quantia mencionada na letra se o sacado não aceitar. Perante tal possibilidade, a figura do aceite por intervenção assume

---

[185] PINTO COELHO, *Lições de direito comercial*, 2.° vol., Fasc. III, *As letras*, 3.ª parte, cit., p. 23.

[186] Protesto esse cujo regime estudaremos adiante.

[187] Cfr. o art. 44.°, I, LULL. De acordo com o art. 44.°, IV, LULL, «o protesto por falta de aceite dispensa a apresentação a pagamento e o protesto por falta de pagamento».

[188] Dessa forma, dizemos no texto, porque também se deve ter em conta o disposto no art. 53.° LULL.

[189] Essas serão «acções de regresso».

II. A Letra

particular interesse[190]. É que esse aceite por intervenção afasta ou limita a acção de regresso.

Estatui o art. 56.°, I, LULL que «o aceite por intervenção pode realizar-se em todos os casos em que o portador de uma letra aceitável tem direito de acção antes do vencimento».

Assim, para que possa ter lugar o aceite por intervenção é necessário que a letra seja *aceitável*[191] e que o portador tenha *direito de acção antes do vencimento.*

Ou seja, além de se tratar de letra aceitável, para que possa haver aceite por intervenção é necessário, de acordo com o preceituado no art. 43.°, III, LULL:

a) que tenha havido recusa total ou parcial do aceite[192]; ou
b) que o sacado tenha sido declarado falido (mas veja-se hoje o CIRE), que o mesmo tenha suspendido os pagamentos, ainda que isso não tenha sido constatado por sentença, ou que tenha sido promovida execução sem resultado dos bens do sacado[193].

---

[190] Cfr. os arts. 55.° e ss. LULL.

[191] O art. 22.°, II, LULL, permite que, em princípio, o sacador proíba na letra a sua apresentação ao aceite. Não poderá o sacador proibir essa apresentação se a letra for «pagável em domicílio de terceiro», for «pagável em localidade diferente da do domicílio do sacado» ou for «sacada a certo termo de vista».

[192] A comprovar, em princípio, pelo protesto por falta de aceite, nos prazos legais (mas a solução é discutível). Vejam-se, porém, os arts. 44.°, VI, e 46.°, LULL.

[193] Como se está a falar do aceite por intervenção, a hipótese prevista no n.° 3.° do art. 43.°, III, LULL, não será aqui abordada, pois tem em vista os casos de letras não aceitáveis. Mas aquela hipótese já adquire significado no âmbito do pagamento por intervenção. Mesmo nos casos em que o sacado foi declarado falido (mas veja-se, entre nós, o CIRE), em que o mesmo tenha suspendido os pagamentos, ainda que isso não tenha sido constatado por sentença, ou em que tenha sido promovida execução sem resultado dos bens do sacado, o aceite por intervenção parece pressupor que o sacado não aceitou: PINTO COELHO, *Lições de direito comercial*, 2.° vol., Fasc. III, *As letras*, 3.ª parte, cit., p. 82.

62   *Títulos de Crédito e Valores Mobiliários*

O direito de acção antes do vencimento diz respeito apenas às acções de regresso, tendo em conta aqueles por honra de quem pode ser feita a intervenção e os casos previstos na lei que permitem o exercício do direito de acção antes do vencimento. E para que o aceite por intervenção tenha lugar é necessário que o portador já tenha efectivamente direito de acção antes do vencimento: não pode ocorrer antes de surgir esse direito de acção.

O aceitante por intervenção *pode ter sido indicado* na letra pelo sacador, endossante ou avalista para, em caso de necessidade, a aceitar (pode ter sido indicado, obviamente, para o caso de haver recusa de aceite). Parece evidente que o sacado não pode fazer essa indicação (porque ainda não é obrigado cambiário), como não a pode fazer o aceitante (até porque não faria qualquer sentido, no caso do aceite por intervenção). Aquela indicação pode ser feita com o recurso a expressões como, por exemplo, «em caso de necessidade, aceitará X».

Mas o aceitante por intervenção também *pode não ter sido indicado* e ainda assim intervir por devedor contra quem exista direito de acção[194]: cfr. o art. 55.º, I e II, LULL[195].

Nos casos em que houve incumbência *nos termos do art. 56.º, II, LULL* (indicação de uma pessoa para aceitar *no lugar do pagamento*[196]), o portador da letra que a apresenta à pessoa indicada para aceitar em caso de necessidade (para aceitar por intervenção) pode

---

[194] Direito de acção que, neste caso, parece ser apenas o de acção de regresso, pois trata-se de aceitante por intervenção. Sobre o defeito da tradução para português, GONSALVES DIAS, *Da letra e da livrança*, IX, Livraria Gonçalves (depositária), Coimbra, 1947, p. 260, em nota.

[195] Há diferenças de regime consoante o aceitante por intervenção foi indicado ou não: cfr., p. ex., o art. 56.º, II e III, LULL.

[196] Se não houver indicação em contrário, neste estudo apenas será chamado de aceite *por incumbência* aquele em que se indica que o *lugar para o aceite* é o lugar do *pagamento* (art. 56.º, II, LULL) e aceite *sem incumbência* o que ocorre nos *outros casos* (art. 56.º, III, LULL), aqui se incluindo aqueles em que existe a indicação da pessoa que aceitará em caso de necessidade mas não se indica para o aceite o lugar do pagamento.

II. A Letra 63

ser também confrontado com a recusa de aceite por esta. E só se essa pessoa recusar o aceite por intervenção quando a letra lhe é apresentada para o efeito, a comprovar com o necessário protesto, é que o portador pode exercer o direito de acção antes do vencimento contra quem fez a indicação (que, convém lembrar, será o sacador, um endossante ou um avalista) e signatários subsequentes[197].

No caso de a intervenção ser sem a incumbência *referida*, o portador pode recusar o aceite por intervenção[198]. Se assim for, manterá o direito de regresso que lhe caberia.

Em ambos os casos, porém, se o aceite por intervenção tem lugar, o portador perde a possibilidade de intentar a acção de regresso antes do vencimento contra aquele por quem a intervenção ocorreu e contra os obrigados subsequentes. Mas, na nossa opinião, pode intentar a acção de regresso contra os obrigados anteriores àquele por honra de quem foi dado o aceite por intervenção.

A intervenção pode ser realizada por um terceiro, pelo sacado[199] ou por um obrigado cambiário, excepto pelo aceitante[200]. O interveniente deve indicar a pessoa por honra de quem faz a intervenção e, faltando essa indicação, a lei presume que a intervenção se faz pelo sacador[201].

---

[197] Art. 56.°, II, LULL.

[198] Art. 56.°, III, LULL. Parece resultar da lei que a recusa do aceite por intervenção não pode ter lugar quando a incumbência se verificou nos termos do art. 56.°, II, LULL. E, assim sendo, o portador, após o protesto por falta de aceite pelo sacado, terá de apresentar a letra ao aceite do sujeito indicado para intervir.

[199] Mas neste caso, julgamos nós, apenas para a intervenção sem incumbência: PINTO COELHO, *Lições de direito comercial*, 2.° vol., Fasc. III, *As letras*, 3.ª parte, cit., p. 94 e s..

[200] Art. 55.°, III, LULL.

[201] Art. 57.° LULL. Contudo, parece que tal presunção apenas vale nos casos em que a intervenção é sem incumbência. Na intervenção com incumbência, aquele que faz a indicação será tido como aquele por quem tem lugar a intervenção, pois é isso que, pelo menos à primeira vista, resulta do art. 56.°, II, LULL (nesse sentido, GONSALVES DIAS, *Da letra e da livrança*, IX, cit., p. 328).

O aceitante por intervenção tem a sua posição definida pela daquele por honra de quem interveio[202]. Fica, assim, obrigado quer para com o portador, quer para com os endossantes posteriores àquele por honra de quem interveio. Já não fica obrigado para com os endossantes anteriores àquele por honra de quem interveio.

Mas fica obrigado da mesma forma que aquele por honra de quem interveio[203]. Será, por isso, um obrigado de regresso (não é o obrigado principal).

Além disso, na data do vencimento da letra em que houve aceite por intervenção o portador deve primeiro apresentá-la a pagamento ao sacado. Se o sacado não a pagar, o portador deverá então apresentar a letra a pagamento ao aceitante por intervenção[204].

13. O endosso

A letra de câmbio é um documento *à ordem*: o *endosso* é o seu modo normal de transmissão[205]. Com o endosso, são transmitidos «todos os direitos emergentes da letra»[206] (*função de transmissão do endosso*). Essa transmissão não necessita de ser notificada ao aceitante[207], o que constitui importante diferença relativamente ao regime da cessão de créditos[208]. O endosso transmite a letra e os

---

[202] A quem deve efectuar a participação mencionada no art. 55.°, IV, LULL, no prazo ali previsto.

[203] Art. 58.°, I, LULL.

[204] Nesse sentido, GONSALVES DIAS, *Da letra e da livrança*, IX, cit., p. 316. É a solução, aliás, que resulta do art. 60.°, I, LULL, para os casos em que «a letra foi aceita por intervenientes tendo o seu domicílio no lugar do pagamento, ou se forem indicadas pessoas tendo o seu domicílio no mesmo lugar para, em caso de necessidade, pagarem a letra».

[205] Art. 11.°, I, LULL.

[206] Art. 14.°, I, LULL.

[207] Chama a atenção para este aspecto PAVONE LA ROSA, *La cambiale*, cit., p. 28.

[208] Cfr. o art. 583.°, n.° 1, do Código Civil.

direitos que dela decorrem, *com as consequências resultantes do regime cambiário.*

Tal endosso deve constar da *letra* ou de *folha ligada à letra ou anexo* e deverá ser assinado pelo endossante[209]. O endosso deve ser *puro* e *simples*, afastando a lei a possibilidade de o subordinar a quaisquer condições ou de o realizar apenas parcialmente[210].

Com o endosso é dada ao sacado uma *nova ordem* de pagamento: é-lhe dada *a ordem para pagar ao endossado*. E por isso se diz que o endosso é um *novo saque.*

O primeiro endosso deve ser realizado pelo tomador e os seguintes pelos sucessivos endossados. Desta forma se garante uma *série ininterrupta* de endossos. O endosso pode, porém, ser em branco, como veremos posteriormente. E se «um endosso em branco é seguido de um outro endosso, presume-se que o signatário deste adquiriu a letra pelo endosso em branco»[211].

Curiosamente, o endosso pode ser feito a favor do próprio sacado, seja ou não aceitante, ou a favor do sacador ou outro obrigado cambiário. Qualquer destas pessoas agora referidas poderá de novo endossar a letra (reendosso)[212].

O endossante *garante a aceitação e o pagamento da letra perante os posteriores portadores* da letra. Isto, se não houver *cláusula em contrário.* O endossante, em regra, não se limita a transmitir a letra e os direitos dela emergentes, uma vez que vai em princípio também garantir a aceitação e o pagamento (*função de garantia do endosso*). Nessa medida, o endossante será *obrigado cambiário.*

---

[209] Art. 13.°, I, LULL.

[210] Art., 12.°, I e II, LULL. Dizia PINTO COELHO, *Lições de direito comercial,* 2.° vol., Fasc. IV, *As letras,* 2.ª parte, Lisboa, 1945, p. 34: «Não se concebe, portanto, senão a transmissão total, pois de outro modo o endossado não seria o substituto na ordem de pagamento contida na letra, mas beneficiário de uma ordem diversa. E basta considerar que o endossado pode por sua vez transmitir o crédito por novo endosso, para se apreciar a perturbação que o endosso parcial acarretaria (...)».

[211] Art. 16.°, I, LULL.

[212] Art. 11.°, III, LULL.

Importa referir ainda que o detentor de uma letra «é considerado portador legítimo se justifica o seu direito por uma série ininterrupta de endossos...»[213] (*função de legitimação do endosso*[214]). O portador da letra só será considerado *legítimo portador*, portanto, se a sua posição assenta numa *cadeia de endossos sem mácula, sem interrupções*.

Por outro lado, o devedor que paga ao portador legítimo paga bem: «Aquele que paga uma letra no vencimento fica validamente desobrigado, salvo se da sua parte tiver havido fraude ou falta grave. É obrigado a verificar a regularidade da sucessão dos endossos mas não a assinatura dos endossantes»[215].

14. (cont.) Endosso em branco

Por endosso em branco entendemos, antes de mais, aquele que tem lugar com a declaração de endosso assinada mas *sem indicação de quem é o endossado*. Mas também será endosso em branco o que

---

[213] Art. 16.º, I, LULL.

[214] As três funções do endosso identificadas no texto também eram apresentadas por FERRER CORREIA, *Lições de direito comercial*, III, cit., p. 179, que igualmente analisava o endosso na perspectiva dos seus efeitos; as três consequências são ainda apresentadas por PEDRO PAIS DE VASCONCELOS. *Direito comercial. Títulos de crédito*, cit., p. 70 e ss.; para a Itália, considerando que a *girata* tinha uma função de garantia, VALERI, *Diritto cambiario italiano. Parte speciale*, Vallardi, Milano, 1938, p. 179; FERRI, *Manuale di diritto commerciali*, cit., p. 734 e s. discrimina a função de *trasferimento* e a de garantia; SANTONI, in CAMPOBASSO (a c. di), *La cambiale*, I, cit., p. 594 e s., enumera os efeitos de *trasferimento*, legitimação e assunção de obrigação de regresso; referindo-se a uma função translativa, SEGRETO/CARRATO, *La cambiale*, cit., p. 220; recusando a função de *trasferimento*, PAVONE LA ROSA, *La cambiale*, cit., p. 296 (por entender que a *girata* apenas comprova – *attesta* – aquele *trasferimento*).

[215] Art. 40.º, III, LULL.

II. A Letra

é realizado *apenas com a assinatura do endossante* escrita «no verso da letra ou na folha anexa», nos termos do art. 13.°, II, LULL[216].

E, além disso, *o endosso ao portador vale como endosso em branco*, como se lê no art. 12.°, III, LULL.

Ora, aquele que recebe a letra através de um endosso em branco é considerado portador legítimo da letra. Por outro lado, se o endosso em branco «é seguido de um outro endosso, presume-se que o signatário deste adquiriu a letra pelo endosso em branco». O endosso em branco não afecta a regularidade da cadeia de endossos. É o que resulta do art. 16.°, I, LULL.

O portador de uma letra que a recebeu através de um endosso em branco pode:

a) *manter consigo* a letra, tal como ela está;

b) *preencher o espaço em branco*, acrescentando *o seu nome* (art. 14.°, II, 1.°, LULL);

c) preencher o espaço em branco com o *nome de outra pessoa* (art. 14.°, II, 1.°, LULL);

d) *endossar em branco* mais uma vez (art. 14.°, II, 2.°, LULL);

e) endossar a letra *com a identificação do endossado* (art. 14.°, II, 2.°, LULL);

f) *entregar a letra a outrem*, sem necessidade de preencher o espaço em branco e sem necessidade de endossar a letra (art. 14.°, II, 3.°, LULL). Neste último caso, como quem recebe a letra pode voltar a fazer o mesmo, a letra começará a circular como se fosse um título ao portador.

---

[216] Se a simples assinatura consta da folha anexa, julgamos também que aquela assinatura deve ser colocada no verso da mesma folha: nesse sentido, PINTO COELHO, *Lições de direito comercial*, 2.° vol., Fasc. IV, *As letras*, 2.ª parte, Lisboa, 1945, p. 24, que invoca o facto de o próprio aval poder constar da folha anexa, nos termos do disposto no art. 31.°, I, LULL. Considerando endosso em branco, aparentemente, só o que consiste na simples assinatura do endossante, CASSIANO DOS SANTOS, *Direito Comercial Português*, cit., p. 256.

15. (cont.) Endosso por procuração (ou para cobrança)

O endosso pode ser realizado para que o endossado possa exercer direitos emergentes da letra, sem que haja transmissão da letra e dos direitos inerentes: trata-se, por isso, de um endosso que é chamado de «impróprio»[217]. É o que se passa quando o endosso é acompanhado da menção «por procuração», «para cobrança», «valor a cobrar», «ou qualquer outra menção que implique um simples mandato»[218].

O endossado que é portador da letra e que a recebeu através de endosso por procuração pode[219] exercer os direitos emergentes da letra: todos os direitos, em regra. Pode, designadamente, apresentá-la a aceite ou a pagamento ou realizar o protesto. Mas o exercício dos direitos emergentes da letra não tem lugar enquanto titular desses direitos, e sim como representante do endossante. Daí que o endossado só possa endossar a letra na qualidade de procurador. O titular dos direitos emergentes da letra continuará a ser, em princípio, o endossante.

Por sua vez, o endossante que inclui a cláusula «por procuração» ou equivalente não garante a aceitação e o pagamento da letra. O que tem toda a lógica tendo em conta o objectivo do endosso em causa: o de permitir ao endossado o exercício dos direitos emergentes da letra.

Como o endosso é feito com a cláusula «por procuração» e, portanto, como o endossado é representante do endossante, todas as excepções que podiam ser invocadas contra o endossante também podem ser invocadas contra o endossado «por procuração».

---

[217] FERRER CORREIA, *Lições de direito comercial*, III, cit., p. 190. Sobre o endosso para cobrança, cfr. o Ac. RL de 18/12/1984, *CJ*, V, p. 102 e ss..

[218] Art. 18.º, 1, LULL. Chamando a atenção para o facto de a LULL não ser rigorosa na distinção entre procuração e mandato, OLIVEIRA ASCENSÃO, *Direito comercial*, III, cit., p. 154.

[219] Da relação entre endossante e endossado resulta até frequentemente o dever de exercer esses direitos.

II. A Letra 69

Um outro problema merece ainda referência. Ao lermos o art. 18.°, III, LULL, verificamos que daí se retira que a morte ou incapacidade legal superveniente do mandatário não extingue o «mandato que resulta de um endosso por procuração». Ora, não obstante a LULL conter a referência à morte ou incapacidade legal do mandatário, parece ter havido lapso de tradução, pois os textos em língua francesa e inglesa da convenção fazem menção à morte ou incapacidade legal do mandante[220].

16. (cont.) Endosso em garantia

A letra pode ser utilizada como instrumento para constituir uma garantia a favor de um credor, a quem a letra é endossada. O endosso deverá então ser realizado com a menção «valor em garantia», «valor em penhor» ou ainda «outra menção que implique uma caução»[221].

Também nestes casos o endosso confere ao endossado em garantia o poder para exercer os direitos emergentes da letra (e não apenas dentro dos limites da dívida garantida). Inclusivamente, contra os obrigados de garantia[222].

Os obrigados cambiários não podem, em princípio, opor ao portador (aquele a quem a letra foi endossada em garantia) as excepções fundadas nas relações pessoais que tivessem com aquele que realizou o endosso em garantia[223].

---

[220] Manifestam preferência por este sentido AFONSO QUEIRÓ/ALBINO VAZ/JOÃO MIRANDA, *Direito comercial*, cit., p. 396, nota 1; PINTO COELHO, *Lições de direito comercial*, 2.° vol., Fasc. IV, *As letras*, 2.ª parte, cit., p. 138, nota 1; GONSALVES DIAS, *Da letra e da livrança*, VI, 2.ª, cit., p. 484; FERRER CORREIA, *Lições de direito comercial*, III, cit., p. 191, implicitamente; OLIVEIRA ASCENSÃO, *Direito comercial*, III, cit., p. 155; com outra opinião, pelo menos implicitamente, PINTO FURTADO, *Títulos de crédito. Letra. Livrança. Cheque*, cit., p. 165.

[221] Art. 19.°, I, LULL.

[222] Que o endossante em garantia também parece ser. Cfr., sobre isto, a nota 224.

[223] Cfr. o art. 19.°, II, LULL.

70 Títulos de Crédito e Valores Mobiliários

Se o endossado em garantia por sua vez endossar a letra, esse endosso apenas vale «como endosso a título de procuração», sujeito ao disposto no art. 18.º LULL. O endossado em garantia não se torna por isso titular da letra e dos direitos emergentes dela.

Por outro lado, o endossante em garantia também garante o endossado imediato quanto à aceitação e pagamento da letra[224].

17. (cont.) A cláusula «não à ordem»

A letra, como vimos, é transmissível por endosso. Contudo, pode ser introduzida na letra uma *cláusula não à ordem* ou expressão equivalente.

Se essa cláusula é aposta pelo *sacador*, isso tem como consequência que a letra «só é transmissível pela forma e com os efeitos de uma cessão ordinária de créditos»[225]. E, por isso, a letra deixa de ser transmissível por endosso. Isto é assim quer para o tomador, quer para posteriores portadores da letra.

O sacador, porém, continuará a garantir a aceitação e o pagamento da letra. Essa garantia transmite-se pelos endossos da letra que contenha a cláusula não à ordem. O que acontece é que o sacador *poderá opor aos portadores da letra as excepções que também podia opor ao tomador*[226].

---

[224] FERRER CORREIA, *Lições de direito comercial. Vol. III. Letra de* câmbio, cit., p. 198; OLIVEIRA ASCENSÃO, *Direito comercial*, III, cit., p. 157. Defendendo a mesma solução, para a Alemanha, HUECK/CANARIS, *Recht der Wertpapiere*, cit., p. 99; para a Itália, considerando o endossante em garantia um obrigado de garantia, MOSSA, *Trattato della cambiale*, 3.ª ed., Cedam, Padova, 1956, p. 420; para a Alemanha com opinião contrária, por exemplo, ULMER, *Das Recht der Wertpapiere*, Kohlhammer, Stuttgart-Berlin, 1938, p. 217, e BAUMBACH/HEFERMEHL, *Wechselgesetz und Scheckgesetz*, cit., p. 275.

[225] Art. 11.º, II, LULL.

[226] Nesse sentido, FERRER CORREIA, *Lições de direito comercial*, III, cit., p. 202. O direito mencionado no título não se poderá então considerar literal e

A cláusula não à ordem pode igualmente ser colocada por um *endossante*. Com efeito, lê-se no art. 15.°, II, LULL, que «o endossante pode proibir um novo endosso». Quando assim seja, o que sucede é que o endossante que proibiu o endosso «não garante o pagamento às pessoas a quem a letra for posteriormente endossada».

Mas há que distinguir entre as pessoas a quem a letra é *posteriormente endossada*, por um lado, e, por outro, o *endossado imediato*: em relação a este mantém-se a garantia do pagamento por parte do endossante que introduziu a cláusula não à ordem.

Do art. 15.°, II, LULL, também se segue que o endosso da letra continua a ser possível. Os endossantes posteriores, esses, continuam a garantir tudo o que garante qualquer endossante.

No entanto, o endossante que introduziu a cláusula não à ordem *não garante o pagamento perante os posteriores endossados*. O sentido desta última frase necessita de ser aclarado. É que se o endossado imediato por sua vez endossa a letra, há que perguntar se o endossante que introduziu a cláusula não à ordem tem qualquer responsabilidade de regresso perante posteriores endossados.

Para Ferrer Correia, o endossante que introduz a cláusula não à ordem *ainda responderia nos termos em que responde o cedente de créditos*: argumentava aquele distinto Professor que a cláusula não à ordem apenas proíbe a transmissão por endosso mas *não proíbe a transmissão por cessão*, e que *a conversão do endosso em cessão* corresponderia à vontade hipotética dos interessados[227].

---

autónomo. Contudo, haverá outros aspectos do regime da letra de câmbio que não são afastados. Considerando que a letra não à ordem não é título de crédito, PEREIRA DE ALMEIDA, *Direito comercial*, 3.° vol., cit., p. 76. Já PINTO COELHO, *Lições de direito comercial*, 2.° vol., *As letras*, 1.ª parte, cit., p. 57, afirmava que a letra com cláusula «não à ordem» não perde a «natureza de letra». Para a Itália, cfr. MESSINEO, *I titoli di credito*, cit., vol. II, p. 73 e s. (considera tratar-se de mero título de legitimação ou título impróprio); FERRI, *Titoli di credito*, cit., p. 127 (que também entende que o título permite a legitimação); PAVONE LA ROSA, *La cambiale*, cit., p. 328 (manifestando dúvidas acerca da qualificação como título impróprio); com outra opinião (defendendo que será título nominativo), MOSSA, «La cambiale non all'ordine», *RDC*, 1934, I, p. 785 e ss..

[227] FERRER CORREIA, *Lições de direito comercial*, III, cit., p. 203.

Temos dúvidas que seja esta a leitura preferível. É que a lei, ao estabelecer que o endossante que proibiu o endosso «não garante o pagamento» aos posteriores endossados, *parece excluir qualquer responsabilidade de regresso*. Se fosse de aplicar o regime da cessão de créditos às posteriores transmissões da letra através de endosso, *então também a garantia se transmitia*, coisa que a lei aparentemente não aceitou.

18. (cont.) Cláusula «sem garantia»

Como vimos, o art. 15.º, I, LULL, admite a aposição de uma cláusula que exclua a garantia, pelo endossante, da aceitação e do pagamento. A exclusão pode dizer respeito à aceitação, ao pagamento, ou a ambos.

É uma exclusão que apenas diz respeito ao endossante que coloca a cláusula. Mas aquela cláusula isenta o endossante de responsabilidade cambiária perante qualquer posterior portador da letra, incluindo o endossado imediato[228].

19. (cont.) Outros modos de transmissão da letra

A letra não se transmite apenas por endosso. A própria lei admite expressamente que a letra de câmbio se transmita através de *cessão de créditos*[229]. E as letras podem também transmitir-se por outra via negocial ou por sucessão *mortis causa*[230].

---

[228] Cfr. Pinto Coelho, *Lições de direito comercial*, 2.º vol., fasc. IV, *As letras*, 2.ª parte, cit., p. 103; Ferrer Correia, *Lições de direito comercial*, III, cit., p. 196.

[229] Art. 11.º, II, LULL.

[230] Pelo seu carácter residual, não nos vamos preocupar com a análise da possibilidade de aquisição originária de títulos de crédito. Sobre esta, cfr. Gonsalves Dias, *Da letra e da livrança*, VI, 1.ª, cit., p. 21.

Contudo, o endosso é o modo normal de transmissão da letra. Desde logo, a transmissão da letra por endosso tem consequências que outros modos de transmissão não têm: designadamente, no que diz respeito à *tutela do portador mediato de boa fé*. Assim, o portador mediato de boa fé pode beneficiar do regime previsto no art. 17.º LULL em toda a sua extensão.

Já o sujeito que se torna portador da letra por cessão ou sucessão por morte *está sujeito a que lhe sejam opostas excepções que também podiam ser opostas àquele de quem recebeu a letra (o cedente ou o de cujus)*. Para além disso, não parece que possa realizar um endosso plenamente eficaz.

20. O aval

O aval é um negócio cambiário pelo qual o sujeito que emite a declaração *garante o pagamento* da letra, *no todo ou em parte* (art. 30.º, I, LULL). A lei admite, assim, o aval parcial.

O avalista pode ser um sujeito que não teve até aí qualquer intervenção no título de crédito, ou pode ser alguém que é já signatário da letra (art. 30.º, II, LULL). Nesta última hipótese, o aval só terá razão de ser se agravar a responsabilidade do signatário.

O aval deverá indicar a pessoa *por quem* o avalista o dá. Curiosamente, parece que o aval pode ser dado *por outro avalista*.

A indicação da pessoa por quem o avalista dá o aval deve ser expressa[231]. Se essa indicação não é dada, deve entender-se que o aval é dado *pelo sacador*[232].

---

[231] Contra, para a Itália, TURRI, «Sul valore della presunzione di cui all'art. 36, comma 4, l. camb.», *BBTC*, 1959, II, p. 606 e ss..

[232] Art. 31.º, IV, LULL. Atendendo a que o avalista que paga a letra tem os direitos enunciados no art. 32.º, III, LULL contra os obrigados para com o avalizado, o regime do art. 31.º, IV, LULL é de manifesta utilidade para os restantes obrigados de garantia: cfr., no mesmo sentido, para a Itália, ASQUINI, *Titoli de credito*, cit., p. 260. Diga-se ainda que a *falta de indicação* não coincide com a

74   *Títulos de Crédito e Valores Mobiliários*

Porém, quando a letra *não saíu das relações imediatas*, é de grande importância saber se é possível alegar e provar que o aval sem a indicação referida foi dado *por pessoa diferente do sacador*. *A* deu o seu aval sem indicar por quem o dava. Contudo, foi alegado e provado que *A* deu o aval por *B*, aceitante, que devia dinheiro a *C*, sacador, e com quem foi combinada a aposição do aval. Poderá *A* defender-se invocando que o aval deve ser considerado como dado pelo sacador, quando é este o portador que exige o pagamento?

Outra hipótese: *A*, avalista que não indicou o avalizado, paga a letra ao portador. Ao abrigo do disposto no art. 32.°, III, LULL, demanda *B*, sacador, que se defende invocando o facto de ter combinado com *A* e com o aceitante *C* que o aval teria como avalizado este último.

No Assento do STJ de 1/2/1966[233], aquele Tribunal entendeu que «mesmo no domínio das relações imediatas, o aval que não identifique o avalizado é sempre prestado a favor do sacador».

Gonçalves Dias[234] considerava que a presunção era «absoluta, invencível, sem quaisquer restrições», e Oliveira Ascensão[235] dá a entender que, na sua opinião, o art. 31.°, IV, LULL contém uma presunção inilidível[236]. Também Paulo Sendin se manifestava favorável ao carácter absoluto da presunção, tanto nas relações imediatas, com nas relações mediatas[237]. Pinto Coelho entendia a norma como sendo imperativa, «uma regra absoluta»[238].

---

indicação equívoca, como bem se diz no Ac. STJ de 17/12/1998, in www.dgsi.pt (consultado em 28/1/2007). Para um caso que ilustra os *riscos* (que para alguns serão vantagens...) *da utilização de expressões enganadoras* («dou o meu aval à firma subscritora», quando várias «firmas» aparecem a subscrever, a títulos diferentes, a letra), cfr. o Ac. STJ de 2/5/2002, in www.dgsi.pt (consultado em 28/1/2007).

[233] *DG*, n.° 44, de 22/2/1966.

[234] Gonsalves Dias, *Da letra e da livrança*, vol. VII, 2.ª parte, 1946, cit., p. 471.

[235] Oliveira Ascensão, *Direito comercial*, III, cit., p. 166 e ss.

[236] Em termos semelhantes, Rossi, «La presunzione di avallo», *BBTC*, 1960, I, p. 198.

[237] Paulo Sendin, *Letra de câmbio*, vol. II, cit., p. 856, embora acrescentasse que «os efeitos da presunção só se verificam para o adquirente cambiário da

II. A Letra 75

Outra era a leitura de Vaz Serra, que, pronunciando-se acerca do referido Assento, considerava «inaceitável» a doutrina ali contida[239]. Por sua vez, Ferrer Correia parecia admitir que a presunção fosse *ilidível nas relações imediatas*[240]. Tem sido esta última a posição acolhida em significativas decisões judiciais mais recentes. Isto é, vem sendo aceite que nas relações imediatas se prove que o aval sem indicação de avalizado foi prestado a favor de pessoa que não o sacador[241].

Nas relações mediatas, compreende-se que, para tutela dos interesses relacionados com a circulação da letra, a presunção não possa ser ilidida. Até porque a prova do contrário resultaria de factos estranhos ao teor do título[242]. Mas, nas relações imediatas, mais do que falar de uma presunção legal ilidível, parece ser de defender que se trata aqui da *oponibilidade de uma excepção fundada nas relações causais ou extracartulares*[243].

---

letra na circulação livre que seria o *destinatário* da operação que o avalista pretendeu avalizar».

[238] PINTO COELHO, *Lições de direito comercial*, 2.º vol., Fasc. V, *As letras*, 2.ª parte, Lisboa, 1946, p. 78.

[239] VAZ SERRA, Anotação ao Ac. STJ de 3 de Junho de 1969, *RLJ*, 103.º, p. 426, nota 1.

[240] FERRER CORREIA, *Lições de direito comercial*, III, cit., p. 212. Também no sentido do carácter ilidível da presunção no âmbito das relações imediatas, para a Itália, p. ex., MOSSA, *Trattato della cambiale*, cit., p. 437, nota 32 (pelo menos na medida em que não contesta a decisão do *Bundesgericht* de 14 de Dezembro de 1948, que defendeu aquela solução); SEGRETO/CARRATO, *La cambiale*, cit., p. 262; para a Alemanha, BAUMBACH/HEFERMEHL, *Wechselgesetz und Scheckgesetz*, 21. Aufl., Beck, München, 1999, Art. 31 WG, Anm. 8, p. 307 e s..

[241] Cfr. p. ex. o Ac. STJ de 14/19/1997, *BMJ*, 470.º, p. 639, o Ac. STJ de 7/1/1999, in www.dgsi.pt (consultado o sumário em 28/1/2007) o Ac. STJ de 2/10/2001, in www.dgsi.pt (consultado em 28/1/2007) e o Ac. Relação de Coimbra de 20/1/2000, in *CJ*, 2000, T. I, p. 88.

[242] O que não afasta a necessidade de interpretar o que consta do título.

[243] PAVONE LA ROSA, *La cambiale*, cit., p. 386 e s.; CAMPOBASSO, in CAMPOBASSO (a c. di), *La cambiale*, cit., p. 392, lembrando que seria estranho aceitar uma presunção ilidível em certos casos e inilidível noutros.

O aval pode ser escrito quer na *letra*, quer em *folha anexa* à letra[244]. Se, porém, o aval é dado através da *simples assinatura* (aval «em branco»), tal assinatura só vale como aval se consta da *face anterior* da letra[245]. E mesmo isto só é assim se a assinatura não é a do sacado ou a do sacador[246].

Mas se o aval é dado com a utilização das palavras «bom para aval», «dou o meu aval por», ou outra expressão equivalente, já não tem de constar da face anterior da letra[247]; e essas palavras ou expressões deverão constar para que o aval valha como tal quando colocado na face *posterior* da letra ou em *folha anexa*.

21. (cont.) A responsabilidade do avalista

O avalista responde *nos mesmos termos em que responde aquele por quem é dado o aval* (art. 32.°, I, LULL). Se o avalista deu o aval pelo sacador, responde nos termos em que este responde. Se o avalista deu o aval por um endossante, o avalista responde nos termos em que responde aquele endossante. E se deu o aval pelo aceitante, responde nos termos em que este responde[248].

---

[244] Cfr. ainda o art. 4.° do Anexo II da «Convenção estabelecendo uma lei uniforme em matéria de letras e livranças».

[245] Art. 31.°, III, LULL. Não parece tratar-se aqui de uma presunção legal, mas sim de apenas dizer que nos casos em que se pretende dar o aval por simples assinatura, isso só pode ocorrer *se a assinatura consta da face anterior* da letra. E a questão de saber se estamos ou não perante um aval é matéria de interpretação do título de crédito. Nesse sentido, para a Itália, CAMPOBASSO, in CAMPOBASSO (a c. di), *La cambiale*, cit., p. 375. Com leitura diferente da nossa, CASSIANO DOS SANTOS, *Direito Comercial Português*, cit., p. 269 e ss.. Caso o aval conste da folha anexa, o aval em branco deverá constar também da face anterior daquela folha: nesse sentido, PINTO COELHO, *Lições de direito comercial*, 2.° vol., Fasc. V, *As letras*, 2.ª parte, Lisboa, 1946, p. 49.

[246] Art. 31.°, III, LULL.

[247] Art. 31.°, I e II, LULL.

[248] O que significa, designadamente, que o avalista do aceitante continua a responder nos mesmos termos que este último ainda quando o portador, por aplica-

II. A Letra

Contudo, o avalista *não é um fiador*[249], apesar do que dispõe o art. 32.º, I, LULL. Desde logo, o avalista assume uma *obrigação cambiária*: uma obrigação que se reveste das notas caracterizadoras deste tipo de obrigações[250].

ção do disposto no art. 53.º, I, LULL, perdeu os direitos de acção contra endossantes, sacador e outros co-obrigados. Nesse sentido, p. ex., GONSALVES DIAS, *Da letra e da livrança*, VII, cit., p. 511; FERRER CORREIA, *Lições de direito comercial*, III, cit., p. 212 (embora com dúvidas); para a Itália, CAMPOBASSO, in CAMPOBASSO (a c. di), *La cambiale*, cit., p. 367. Na jurisprudência nacional, e no sentido indicado, cfr. o Ac. STJ de 17/3/1988, *BMJ*, 375.º, p. 399, de 7/1/1993, *BMJ*, 423.º, p. 554, de 23/3/1993, *BMJ*, 425.º, p. 473, de 14/5/1996, in www.dgsi.pt (consultado em 28/1/2007). Com diferente opinião, PAULO SENDIN/EVARISTO MENDES, *A natureza do aval e a questão da necessidade ou não de protesto para accionar o avalista do aceitante*, Almedina, Coimbra, 1991, p. 91 e ss..

[249] FERRER CORREIA, *Lições de direito comercial*, III, cit., p. 206 e ss.; PEDRO PAIS DE VASCONCELOS, «Pluralidade de avales por um mesmo avalizado e "regresso" do avalista», *Nos 20 anos do Código das Sociedades comerciais. Homenagem aos Profs. Doutores A. Ferrer Correia, Orlando de Carvalho e Vasco Lobo Xavier*, vol. III, Coimbra Editora, Coimbra, 2007, p. 950 e ss.. DISEGNI, *Cambiali e assegni*, Giappichelli, Torino, 2005, p. 45. Com opinião diferente, JOSÉ MARQUES DE SÁ CARNEIRO, *Da letra de câmbio na legislação portuguesa*, Tipografia Sequeira, Porto, 1919, p. 210.

[250] Cfr., p. ex., o art. 32.º, II, LULL: o avalista responde ainda quando a obrigação que garantiu é *nula*, salvo se a nulidade resulta de um *vício de forma*; e tb. o art. 7.º LULL (especialmente o segmento em que se lê «ou assinaturas que por qualquer outra razão não poderiam obrigar as pessoas que assinaram a letra»). Isso não impede, porém, que o avalista invoque que o avalizado pagou ao portador que agora lhe vem exigir o pagamento. O mesmo vale quando, em vez do pagamento, esteja em causa um acordo que levou à extinção da obrigação daquele por quem foi dado o aval (não são razões que não podiam obrigar a pessoa que assinou, mas sim razões que levaram à extinção da obrigação): cfr., no sentido exposto, CAMPOBASSO, «Solidarietà cambiaria (com particolare riferimento all'avallo)», in PELLIZZI (a c. di), *Titoli di credito*, Milano, 1980, p. 113 e ss.. Considerando que o avalista não pode invocar em sua defesa as excepções que o avalizado podia invocar, salvo quanto à excepção de pagamento, cfr. o Ac. STJ de 17/11/98, in www.dgsi.pt (consultado o sumário em 28/1/2007). O facto de o aval não ser uma fiança não afasta outro problema: o de saber se e em que medida é aplicável o regime da fiança ao aval.

Vamos supor que o *avalista do endossante* paga a letra. Nesse caso, o avalista fica *subrogado* nos direitos emergentes da letra *contra a pessoa por quem deu o aval*: no caso referido, o endossante.

Mas, além disso, o avalista fica também subrogado nos direitos emergentes da letra *contra os que sejam obrigados cambiários para com a pessoa por quem deu o aval*. Pegando mais uma vez na situação do avalista do endossante, aquele ficará subrogado nos direitos emergentes da letra contra, por exemplo, o que tivesse antes endossado a letra ao sujeito por quem foi dado o aval.

Que dizer, porém, se é *nula* a obrigação daquele por quem é dado o aval? Há que distinguir: se a nulidade referida decorre de um *vício de forma*, não há responsabilidade do avalista. Isto é, a nulidade por vício de forma da obrigação daquele por quem é dado o aval implica que o avalista não responde.

Mas se a nulidade da obrigação do avalizado resulta de *outro vício* (de um vício que não de forma), mantém-se a obrigação do avalista (art. 32.°, II, LULL)[251].

22. A «reforma» da letra em sentido impróprio

É muito frequente a impropriamente chamada «reforma» de letras[252], aqui entendida como a substituição, pelos sujeitos cambiários, de uma letra, por outra ou outras de igual ou inferior valor.

Essa substituição ocorre, geralmente, para permitir ao devedor uma gestão mais conveniente das suas dívidas. Tal é conseguido porque, por exemplo, o valor da letra inicial é dividido por várias novas letras, ou porque o devedor apenas consegue pagar uma parte

---

[251] Por isso, como lembra FERRER CORREIA, *Lições de direito comercial*, III, cit., p. 66 e s., nota 1, diz-se que «a obrigação do avalista é, em relação à do avalizado, uma obrigação formalmente dependente mas substancialmente autónoma». Sobre os vícios de forma, CASSIANO DOS SANTOS, *Direito Comercial Português*, cit., p. 272 e ss..

[252] Cfr., p. ex., o Ac. RE de 8/6/1989, *CJ*, 1989, III, p. 273 e s..

do valor da letra inicial mas está disposto a obrigar-se através de uma nova letra relativamente ao montante que não pode pagar.

A «reforma» de que estamos agora a falar não se confunde com aquela, adiante analisada, que pode ter lugar relativamente a uma letra destruída, perdida ou desaparecida. Não é, evidentemente, disso que agora se trata.

23. A independência das obrigações cambiárias

Como vimos, a letra pode conter várias declarações cambiárias de que resultam obrigações para os respectivos subscritores. Pois bem, as declarações cambiárias apostas na letra são, em certa medida, *independentes entre si*[253]. Isso resulta, desde logo, do teor do art. 7.º LULL. Vale a pena reproduzi-lo: «Se a letra contém assinaturas de pessoas incapazes de se obrigarem por letras, assinaturas falsas, assinaturas de pessoas fictícias ou assinaturas que por qualquer outra razão não poderiam obrigar as pessoas que assinaram a letra, ou em nome das quais ela foi assinada, as obrigações dos outros signatários nem por isso deixam de ser válidas».

O que se disse significa que os vícios mencionados que afectem uma das obrigações cambiárias *não se transmitem*, na medida do exposto, às obrigações de outros subscritores[254].

---

[253] CAMPOBASSO, in CAMPOBASSO (a c. di), *La cambiale*, I, cit., p. 7, prefere falar a este propósito de *autonomia*.

[254] A independência das obrigações cambiárias não vale sempre e em qualquer caso. Vimos, por exemplo, que a nulidade por vício de forma da obrigação daquele por quem é dado o aval implica que o avalista não responde. Significa isto que aquela nulidade se repercute na obrigação do avalista: esta não será totalmente independente. Vimos também em que termos a falta de requisitos externos no saque da letra tem como consequência que o documento não valha como letra: e isso repercute-se nas declarações dos outros sujeitos cambiários. Para além disso, o portador só é considerado legítimo se «justifica o seu direito por uma série ininterrupta de endossos» (cfr. os arts. 16.º, I, e 40.º, III, LULL). Sobre isto cfr. FERRER CORREIA, *Lições de Direito Comercial*, III, cit., p. 65 e s..

Com o regime descrito pretende-se, mais uma vez, *garantir a circulabilidade* da letra de câmbio, tornando desnecessárias verificações que prejudicariam aquela[255]. Naturalmente que o risco de surgir algum dos vícios mencionados acima aumenta se cresce também o número de subscritores.

Por outro lado, aquele que endossa uma letra deve contar com a possibilidade de antes de si se encontrarem obrigados cambiários que, afinal, não respondem. E, contudo, aquele endossante ficará obrigado perante o endossado e posteriores portadores legítimos, *a menos que proíba um novo endosso*, com os efeitos previstos no art. 15.°, II, LULL[256].

24. Abstracção da obrigação cambiária

A obrigação cambiária caracteriza-se por ser *abstracta*[257]. Quer isto antes de mais significar que a obrigação cambiária é *independente da sua causa*: esta é-lhe *indiferente* e por isso a obrigação cambiária *pode servir qualquer causa*[258].

Assim, perante o portador mediato do título, o devedor cambiário não pode invocar, em regra, excepções fundadas nas relações causais estabelecidas com anteriores portadores ou com o sacador.

A causa, aqui, é a *relação fundamental* (compra e venda, mútuo, etc.) ou *causa remota*[259]. Mas causa é também aquela que a

---

[255] Nesse sentido, HUECK/CANARIS, *Recht der Wertpapiere*, cit., p. 60.

[256] Chamando a atenção para este aspecto, cfr., de forma particularmente clara, na doutrina alemã, KARL-HEINZ GURSKY, *Wertpapierrecht*, 2. Aufl., Müller Verlag, Heidelberg, 1997, p. 46.

[257] Indicando origens germânicas ao princípio da abstracção em matéria cambiária, ao menos no plano legislativo, MOSSA, *Trattato della cambiale*, cit., p. 11. Mostrando como até a natureza abstracta da obrigação cambiária foi posta em causa por alguns autores, MESSINEO, *I titoli di credito*, I, cit., p. 155 e ss..

[258] MESSINEO, *I titoli di credito*, I, cit., p. 153.

[259] BETTI, «Sulla natura giuridica della girata dei titoli all'ordine», *RDC*, 1927, I, p. 596 e s., e «Mancanza di "causa" della girata cambiaria e prova testimoniali contro il tenore del titolo», *RDC*, 1928, II, p. 159 e ss..

II. A Letra

doutrina tem vindo a chamar de «convenção executiva»[260]: o pacto «que se destina a regular ou reforçar, através de uma letra, uma obrigação já constituída (relação fundamental)»[261]. E tanto uma (a relação fundamental) como a outra (a convenção executiva) estão presentes não apenas quando têm lugar o saque e o aceite, mas também quando a letra é endossada ou é dado o aval[262].

Vejamos o que diz o art. 17.º LULL: «As pessoas accionadas em virtude de uma letra não podem opor ao portador as excepções fundadas sobre as relações pessoais delas com o sacador ou com os portadores anteriores, a menos que o portador, ao adquirir a letra, tenha procedido conscientemente em detrimento do devedor»[263].

Exemplifiquemos: *A* compra a *B* um automóvel. Como *A* não tem todo o dinheiro necessário para pagar a *B*, combinam que *A* ficará a dever parte do preço. Porém, acordam que *B* sacará uma letra à sua própria ordem, que *A* aceitará, da qual consta o montante

---

[260] Cfr., p. ex., Ascarelli, «L'astrattezza nei titoli di credito», *RDC*, 1932, I, p. 399; Messineo, *I titoli di credito*, I, cit., p. 165, que a designa também por «pactum de cambiando».

[261] Messineo, *I titoli di credito*, I, cit., p. 165. Este último autor, a p. 169, torna claro que o negócio cambiário é já cumprimento da convenção executiva. Sublinhando a importância da convenção executiva para determinar se o negócio cambiário foi realizado *pro solvendo* ou não, se há ou não novação, etc., Ascarelli, «L'astrattezza nei titoli di credito», cit., p. 401; do mesmo autor, cfr. *Teoria geral dos títulos de crédito*, Livraria Acadêmica – Saraiva & Cia, São Paulo, 1943, p. 119, onde afirma que a convenção executiva «determina a função da cambial quanto à relação fundamental» e «regula as recíprocas interferências»; é também Ascarelli, «Le firme cambiarie di favore e le eccezioni "ex causa" nel processo cambiario», cit., c. 186, a acrescentar que a convenção executiva determina a causa da obrigação cambiária.

[262] Cfr., com grande limpidez, Messineo, *I titoli di credito*, I, cit., p. 177. Importa chamar a atenção para o art. 16.º, II, do Anexo II da «Convenção estabelecendo uma lei uniforme em matéria de letras e livranças», segundo o qual está fora da LULL «qualquer outra questão respeitante às relações jurídicas que serviram de base à emissão da letra».

[263] Também no art. 19.º, II, LULL, se utilizam expressões muito próximas.

em dívida. Realizados ambos os negócios cambiários referidos, *B* acaba por endossar a letra a *C*, que por sua vez faz o mesmo a *D*. Este último vai ter com *A* na data do vencimento da letra e exige-lhe o pagamento. Contudo, *A* recusa efectuar o pagamento alegando que o automóvel que comprou a *B* sofre de vários defeitos e não vale o preço cobrado. Tudo isto era desconhecido para *D*.

Neste caso, *D* é o portador de boa fé. *A* recusa o pagamento invocando uma excepção fundada nas relações pessoais com o sacador (*B*)[264]. Como decorre do reproduzido art. 17.º LULL, essa invocação não pode ter lugar. *A* não se liberta da obrigação de pagar só por alegar a relação pessoal com *B*. Não se liberta da obrigação de pagar só por alegar factos que decorrem da relação subjacente: da relação subjacente ao surgimento da obrigação cambiária de *A* e que é causa desta.

Na verdade, essa relação subjacente é exterior ao negócio cambiário de que resultou a obrigação cambiária. A obrigação cambiária é independente dessa relação e os vícios que afectam essa relação não afectam a obrigação cambiária. Por isso se diz que a obrigação cambiária é abstracta: porque em relação a ela *se abstrai, designadamente, dos eventuais vícios da relação fundamental*. E não só destes. Com efeito, também se abstrai dos *vícios daquela convenção de que resultou o negócio cambiário*: a convenção pela qual se combinou que tal negócio teria lugar, os termos do mesmo e a sua ligação com a relação fundamental.

Isto, obviamente, é assim quando não se está perante o portador imediato[265]. No nosso exemplo, *D* era portador mediato de boa fé.

---

[264] Para uma distinção entre excepções *pessoais* (que podem ser opostas a um certo portador) e excepções *reais* (que podem ser opostas a qualquer portador), cfr. GALGANO, *Diritto commerciale. L'imprenditore*, cit., p. 269 e s.; quanto à distinção entre excepções *subjectivas* (que só podem ser opostas por um certo obrigado cambiário) e *objectivas* (que podem ser opostas por qualquer obrigado cambiário), cfr. MIOLA, in CAMPOBASSO (a c. di), *La cambiale*, II, cit., p. 1010.

[265] Chamando também a atenção para o que liga a abstracção e a circulação do título, GALGANO, *Diritto commerciale. L'imprenditore*, cit., p. 281 e s..

II. A Letra 83

D não era parte na relação subjacente invocada por *A*. Se *B* não tivesse endossado a letra – se *B* tivesse permanecido portador da letra – e se tivesse sido *B* a apresentar a letra a pagamento a *A*, este já poderia invocar perante *B* as excepções causais resultantes da relação pessoal entre eles estabelecida e que estava subjacente ao surgimento da obrigação cambiária.

Por outro lado, o portador mediato só pode invocar o disposto no art. 17.° LULL se estiver de *boa fé*: se, ao adquirir a letra, *não procedeu conscientemente em detrimento do devedor*.

Na interpretação desta parte do preceito surgem, fundamentalmente, três possibilidades:

a) actua conscientemente em detrimento do devedor aquele portador mediato da letra que *conhece um vício anterior* à sua aquisição, *mesmo não sabendo que esse vício podia ser invocado* perante o seu endossante;

b) actua conscientemente em detrimento do devedor aquele portador mediato da letra que *sabe que podiam ser opostas excepções pelo devedor ao seu endossante*[266];

c) actua conscientemente em detrimento do devedor aquele portador mediato da letra que adquiriu a letra com a *intenção de prejudicar o devedor*[267].

A segunda alternativa indicada tem fortes argumentos a seu favor. Isto porque o art. 17.° LULL não protege o portador mediato

---

[266] GONSALVES DIAS, *Da letra e da livrança*, vol. V, cit., 1943, p. 177; FERRER CORREIA, *Lições de direito comercial*, III, cit., p. 72, embora em tom dubitativo; para a Alemanha, perante o art. 17.° da *Wechselgesetz*, BAUMBACH/ /HEFERMEHL, *Wechselgesetz und Scheckgesetz*, cit., art. 17.°, Anm. 95, p. 265, afirmam bastar que o terceiro saiba que o devedor é prejudicado, ainda que não quisesse esse resultado.

[267] VAZ SERRA, «Títulos de crédito», *BMJ*, 60.°, p. 131 e 136, embora não se mostrando totalmente convencido; ID. Anotação ao Ac. STJ de 26 de Novembro de 1974, *RLJ*, 108.°, p. 375; referindo-se a uma actuação «tendo em vista prejudicar», CASSIANO DOS SANTOS, *Direito Comercial Português,* cit., p. 246, nota 209. Sobre o tema, mas com contradições, cfr. o Ac. RP de 12/01/1988, *CJ*, 1988, I, p. 185.

84   *Títulos de Crédito e Valores Mobiliários*

que actuou conscientemente em detrimento do devedor. E sempre se poderá dizer que actuar conscientemente em detrimento *não significa, necessariamente, que exista também a intenção de prejudicar*.

Contudo, não parece que seja esse o melhor entendimento. Se fosse, bastaria a consciência de causar prejuízo ao devedor, prejuízo esse que decorreria do facto de o devedor não poder opor ao adquirente as excepções oponíveis a anteriores possuidores. É que «esse prejuízo é um efeito normal da transmissão da letra (com essa transmissão, o direito do adquirente, que é um direito autónomo, como é próprio dos títulos de crédito, está imune das excepções que poderiam ser opostas aos anteriores titulares do direito cambiário ou cartular) (...). Não basta, assim, que o adquirente, ao adquirir, tenha tido conhecimento de que o devedor será prejudicado mediante a perda das suas excepções: é ainda necessário que a aquisição tenha sido feita com a intenção de causar prejuízo injusto ao devedor, ou, ao menos, com representação e aprovação desse prejuízo»[268]. Atendendo aos argumentos apresentados, esta última parece ser a doutrina a seguir[269].

Caso um *portador intermédio se encontre de boa fé*, tal facto torna *irrelevante a má fé de um posterior portador* da letra[270]. Se *A*, portador mediato da letra e que está de boa fé, endossa o título a *B*, que por sua vez está de má fé, a boa fé de *A* torna inoponíveis a *B* as excepções pessoais que, de outra forma, poderiam ser invocadas

---

[268] VAZ SERRA, Anotação ao Ac. STJ de 26 de Novembro de 1974, cit., p. 377.

[269] Sem prejuízo de se ter a noção das dificuldades de prova.

[270] Nesse sentido e com argumentação próxima da apresentada no texto, GONSALVES DIAS, *Da letra e da livrança*, vol. V, cit., pp. 171; VAZ SERRA, «Títulos de crédito», *BMJ*, 60.°, p. 137 e ss.; FERRER CORREIA, *Lições de direito comercial*, cit., p. 74 e s.. (veja-se, tb., a edição de 1956, p. 69 e s.); PEREIRA DE ALMEIDA, *Direito comercial*, 3.° vol., cit., p. 39, e p. 118, em nota. ASCARELLI, *Teoria geral dos títulos de crédito*, cit., p. 138, apenas aceita que a boa fé do possuidor intermédio sane a má fé do possuidor sucessivo quanto à aquisição do título, não quanto à má fé resultante do conhecimento do vício da causa.

perante *B*. É que neste tipo de casos pode dizer-se que a aquisição da letra por *B* não causa qualquer prejuízo ao obrigado cambiário: este já teria de pagar ao *A*, que, não o esqueçamos, era portador mediato de boa fé.

25. O direito literal

O obrigado cambiário tem de respeitar o direito do portador *nos termos em que tal direito é definido pelo texto* da letra de câmbio. Ao portador mediato de boa fé não podem também ser opostas excepções que se baseiem em acordos, celebrados entre anteriores sujeitos cambiários, que não tenham manifestação no texto da letra.

Isso mesmo ainda resulta do art. 17.º LULL: «As pessoas accionadas em virtude de uma letra não podem opor ao portador as excepções fundadas sobre as relações pessoais delas com o sacador ou com os portadores anteriores (...)».

A literalidade anda a par do *formalismo* que rodeia os negócios cambiários[271]. A letra, por exemplo, tem de conter a palavra «letra»[272], o saque deve manifestar-se por um «mandato puro e simples»[273], o aceite através da palavra «aceite» ou outra equivalente[274], etc..

26. O direito autónomo

O legítimo possuidor da letra (aquele que justifica o seu direito por uma série ininterrupta de endossos) tem um direito sobre o título

---

[271] Afirmando que a literalidade é uma manifestação de formalismo, MES-SINEO, *I titoli di credito*, I, cit., p. 40.

[272] Art. 1.º, 1, LULL.

[273] Art. 1., 2, LULL.

[274] Art. 25.º, I, LULL.

86   *Títulos de Crédito e Valores Mobiliários*

que é *autónomo* relativamente aos direitos dos anteriores possuidores[275]. Nesse sentido, o direito do legítimo possuidor da letra *não é afectado por vícios dos direitos sobre a letra de anteriores possuidores.*

Isso pode ser comprovado pela leitura do art. 16.º, II, LULL: «Se uma pessoa foi por qualquer maneira desapossada de uma letra, o portador dela, desde que justifique o seu direito pela maneira indicada na alínea precedente, não é obrigado a restituí-la, salvo se a adquiriu de má fé ou se, adquirindo-a, cometeu uma falta grave»[276].

Exemplifiquemos outra vez: *A* compra a *B* uma mobília de escritório e fica a dever parte do preço. *A* aceita uma letra que *B* saca à sua própria ordem. *B* coloca na letra um endosso em branco, pois pensava ir entregar a letra a *C*, seu fornecedor, a quem devia dinheiro. Contudo, *B* foi jantar primeiro e deixou a letra em cima da mesa de cabeceira. *D*, «amigo do alheio», entrou pela janela do quarto de *B* e furtou a letra (que, lembre-se, já continha o endosso em branco). Posteriormente, *D* endossa a letra a *E*, pois queria comprar-lhe a crédito um capacete de moto. *E* estava de boa fé e não agiu cometendo falta grave[277].

O *E* é portador da letra. O *E* justifica o seu direito por uma série ininterrupta de endossos. Por isso, o *E* não é obrigado a restituir a letra a *B* (desapossado da letra) e, na data do vencimento, o *E* pode exigir o pagamento a *A*. O direito de *E* sobre o título é autónomo: é autó-

---

[275] FERRER CORREIA, *Lições de direito comercial*, III, cit., p. 67, distinguia, como vimos, a autonomia do direito correlativo à obrigação representada e a autonomia do direito sobre o título. É deste segundo sentido que estamos a tratar no texto.

[276] Também no art. 40.º, III, LULL, nos surge a «falta grave»: «Aquele que paga uma letra no vencimento fica validamente desobrigado, salvo se da sua parte tiver havido fraude ou falta grave. É obrigado a verificar a regularidade da sucessão dos endossos, mas não a assinatura dos endossantes». Dando outra importância ao art. 16.º, II, LULL, CASSIANO DOS SANTOS, *Direito Comercial Português*, cit., p. 248 e s..

[277] Exemplo semelhante dá FERRER CORREIA, *Lições de direito comercial*, III, cit., p. 77. A letra que estava na mesa de cabeceira também poderia ter sido levada pelo vento janela fora e encontrada por *D*.

II. A Letra

nomo relativamente aos vícios do direito de *C* sobre o título, que, em rigor, não tinha qualquer direito sobre a letra porque a furtara[278].

Contudo, o *E* já teria de restituir a letra se, no momento da aquisição da letra, estava de má fé ou se, adquirindo-a, cometeu uma falta grave.

Mas o que se deve entender por má fé? Má fé é o conhecimento de quê? O conhecimento da maneira pela qual ocorreu o desapossamento anterior? Ou é antes o conhecimento da posse irregular do endossante[279], ainda que este não tenha sido interveniente no desapossamento? Pela nossa parte, entendemos que a má fé existe quando o portador sabe que o endossante não tem uma posse regular, mesmo ignorando que essa irregularidade é consequência do anterior desapossamento.

O portador terá ainda de restituir a letra se cometeu falta grave. Isto é, se ao adquirir a letra ignorava a posse irregular do endossante mas, atendendo às circunstâncias, actuou com falta grave, não merece a protecção conferida pelo preceito em causa. A actuação do portador com falta grave existe se aquele não se rodeou do mínimo de diligência exigível[280] atendendo ao caso concreto.

---

[278] Se pensarmos na regra que domina as aquisições derivadas (*nemo plus iuris...*), logo vemos que na hipótese tratada no texto a aquisição pelo portador se faz sem respeitar tal regra. Mas será que se pode dizer, sem mais investigações, que estaremos perante uma aquisição originária (como defende PEDRO PAIS DE VASCONCELOS, *Direito Comercial. Títulos de Crédito,* cit., p. 15)? É que também o disposto nos arts. 243.º e 291.º do Código Civil surge como excepção à regra do «nemo plus iuris» que domina as aquisições derivadas. Sobre o último tema, ORLANDO DE CARVALHO, *Teoria geral do direito civil,* Centelha, Coimbra, 1981, p. 127 e ss..

[279] GONSALVES DIAS, *Da letra e da livrança,* VI, 2.ª, cit., p. 361. PINTO COELHO, *Lições de direito comercial,* 2.º vol., Fasc. IV, *As letras,* 2.ª parte, cit., p. 82 e s., defendia que a má fé «respeita apenas à aquisição do crédito cambiário pelo cedente, isto é, incide apenas sobre as condições em que a letra foi adquirida por aquêle que agora a endossa ao novo adquirente; não atinge o conhecimento que este tenha de qualquer vício que afectasse uma transferência anterior». Já FERRER CORREIA, *Lições de Direito Comercial,* III, cit., p. 79, vê a má fé como o conhecimento «de que um possuidor anterior foi dela indevidamente desapossado».

[280] PINTO COELHO, *Lições de direito comercial,* 2.º vol., Fasc. IV, *As letras,* 2.ª parte, cit., p. 84. Para FERRER CORREIA, *Lições de direito comercial,* III, *Letra*

O disposto no art. 16.°, II, LULL, obriga a perguntar pelo tratamento a dar aos casos em que o portador está de má fé ou cometeu falta grave no momento da aquisição mas se prova que um portador intermédio estava de boa fé. Do que se trata é de saber se essa boa fé do portador intermédio vai afastar a obrigação de restituir a letra que de outra forma recaía sobre o portador actual de má fé ou que cometeu falta grave. Essa é a solução mais razoável e que encontra apoio nos trabalhos preparatórios da Convenção. Veja-se que, como ali se lembra, se não fosse assim, o portador intermédio, apesar de estar de boa fé, saía prejudicado, uma vez que teria dificuldade em encontrar a quem endossar a letra se disso necessitasse[281].

27. A letra de favor. A convenção de favor

Vamos supor que A pretende que uma instituição bancária lhe empreste uma determinada quantia em dinheiro. Contudo, a referida instituição, para emprestar dinheiro a A, exige que este último arranje alguém que saque à sua própria ordem sobre A uma letra, que A deverá aceitar, e que posteriormente o sacador a endosse à entidade mutuante. Desta forma, a instituição bancária pode exigir o pagamento da letra a A, aceitante, e terá no sacador um obrigado de garantia.

Ora, o sacador apenas interveio para fazer um favor. Apenas se obrigou cambiariamente para favorecer A, fazendo surgir ou aumen-

---

de câmbio, cit., p. 79, fraude grave seria culpa grave: «a derivada da falta daquela diligência e cuidado que é razoável esperar mesmo de um homem de nível inferior ao médio». No sentido de que a distinção entre culpa grave, leve e levíssima corresponde antes a graus da própria culpabilidade, e não a modalidades da culpa, PESSOA JORGE, *Ensaio sobre os pressupostos da responsabilidade civil*, Cadernos de Ciência e Técnica Fiscal, Lisboa, 1972 (reed.), p. 359.

[281] No sentido de que a boa fé do portador intermédio releva, lembrando os referidos trabalhos preparatórios, PINTO COELHO, *Lições de direito comercial*, 2.° vol., Fasc. IV, *As letras*, 2.ª parte, cit., p. 83; GONSALVES DIAS, *Da letra e da livrança*, V, cit., p. 135 e ss., e VI, 2.ª, cit., p. 361 e s..

II. A Letra

tar a confiança no pagamento da quantia. A letra surgiu, assim, através de um saque que deu origem a uma letra de favor[282].

A intervenção do obrigado que o faz por favor não tem de ocorrer necessariamente como sacador. A sua posição pode variar (pode ser endossante, aceitante, avalista), de tal forma que até pode surgir como credor ou devedor cambiário daquele a quem presta o favor[283].

Na letra de favor existe uma causa, a que a doutrina tem vindo a chamar convenção de favor[284]. Contudo, o teor da convenção de favor é inoponível a terceiros portadores de boa fé[285]. O obrigado cambiário que interveio por favor pode ter de pagar ao portador mediato de boa fé, não podendo perante este libertar-se dessa obrigação apenas afirmando que só se obrigou para fazer o favor a alguém.

De nada valerá ao referido obrigado por favor invocar, perante o terceiro de boa fé, o que foi combinado com aquele a quem favoreceu, designadamente quanto ao pagamento atempado pelo favore-

---

[282] O problema apresentado no texto é semelhante ao fornecido por FERRER CORREIA, *Lições de Direito Comercial,* III, cit., p. 49 e s.. Sobre a letra de favor, vejam-se, por exemplo, LA LUMIA, «Le firme cambiarie di favore», *RDC*, 1920, I, p. 581 e ss.; ASCARELLI, «Le firme cambiarie di favore e le eccezioni "ex causa" nel processo cambiario», *Foro It.*, 1932, I, c. 184 e ss.; ARENA, «La convenzione precambiaria di favore», *BBTC*, 1937, I, p. 205 e ss.; SANTINI, «Il favore cambiario», *BBTC*, 1954, I, p. 1 e ss.; quanto às letras de favor em que o favorecente é uma sociedade comercial, STOLFI, «Società commerciali e cambiali di favore», *BBTC*, 1953, II, p. 471 e ss.. Na jurisprudência, admitindo as letras de favor, cfr. o Ac. RL de 29/9/1992, *CJ*, IV, p. 161 e ss..

[283] Se não é o sacador a intervir por favor, parece preferível falar não tanto de letra de favor, mas de negócio de favor: nesse sentido, LA LUMIA, «Le firme cambiarie di favore», cit., p. 582.

[284] Cfr., por ex., ARENA, «La convenzione precambiaria di favore», *BBTC*, 1937, I, p. 211 e ss.; LA LUMIA, «Le firme cambiarie di favore», cit., p. 581 e ss.; SANTINI, «Il favore cambiario», cit., p. 7 e ss.; MIOLA, in CAMPOBASSO (a c. di), *La cambiale*, cit., I, p. 106. Já ASCARELLI, «Le firme cambiarie di favore e le eccezioni "ex causa" nel processo cambiario», cit., c. 185, afirma antes que a assinatura de favor carece de causa jurídica.

[285] Nesse sentido, cfr. o Ac. STJ de 24/2/1993, in www.dgsi.pt (consultado o sumário em 28/1/2007).

90   *Títulos de Crédito e Valores Mobiliários*

cido, directamente ao terceiro ou ao obrigado de favor. O incumprimento de tal combinação pode, no entanto, dar origem à obrigação de ressarcir os danos sofridos pelo obrigado de favor[286].

28. O surgimento da obrigação cambiária. Fundamentos da obrigação cambiária. Momento a partir do qual o documento incorpora a obrigação e pode desempenhar a função de legitimação e de transmissão

A determinação do momento a partir do qual existe letra tem reflexos práticos. Se A assina um documento na qualidade de sacador de uma letra de câmbio e esse documento sai da sua posse sem que A o tenha querido, interessa saber se um posterior portador pode ou não invocar o regime das letras.

Várias teorias surgiram com as quais os autores procuraram ajudar a resolver o problema de saber qual o momento em que um documento passa a ser título de crédito. Destacamos duas: a teoria da criação e a teoria da emissão.

A teoria da criação tem visto a sua paternidade atribuída a KUNTZE[287]. Para o referido autor, já existiria título de crédito quanto o título ainda estava nas mãos do emitente[288]. Segundo a teoria da

---

[286] Cfr. MIOLA, in CAMPOBASSO (a c. di), *La cambiale*, vol. I, cit., p. 90.

[287] KUNTZE, «Das Wechselrecht» (unter Mitwirkung des Amtsrichters Brachmann), in W. ENDEMANN, *Handbuch des Deutschen Handels- See- und Wechselrechts*, Vierter Band, Fues's Verlag (R. Reisland), 1884, p. 72 (consultámos a *Separatausgabe*; o autor terá já defendido a referida teoria em *Die Lehre von den Inhaberpapieren*, Leipzig, 1857, que não consultámos).

[288] «Das vollzogene Papier ist, wie sich aus dem Vorigen mit Nothwendigkeit ergibt, schon in der Hand des Ausstellers eine geschlossene, vorhandene, feste Werthgrösse und als solche fähig, jeden Augenblick wirksam, d. h. Quelle eines Forderungsrechts zu werden». Contudo, como Kuntze considerava que a obrigação só ganhava eficácia nas mãos de terceiro, há quem afirme que a teoria daquele autor se deveria chamar teoria da criação condicionada: cfr. MÁRIO DE

II. A Letra

criação, a obrigação cartular surge quando o subscritor conclui a sua declaração unilateral.

Os defensores da teoria da emissão sustentam opinião diferente. O primeiro autor que terá defendido aquela teoria foi STOBBE[289], referindo-se aos títulos ao portador. Para STOBBE, seria necessária a emissão do título para que se pudesse dizer que o papel continha efectivamente a promessa de realização da prestação a favor do portador do título[290], exigindo que existisse entrega do título pelo emitente[291]. Só com a entrega, com a colocação voluntária em circulação, é que o negócio cambiário estaria «completo e perfeito»[292]:

FIGUEIREDO, *Caracteres gerais dos títulos de crédito e seu fundamento jurídico*, cit., p. 165, que, a p. 181, manifesta a sua adesão à referida teoria. Também no sentido de que a falta de voluntariedade da emissão não pode ser oposta a terceiros de boa fé, JOSÉ MARQUES DE SÁ CARNEIRO, *Da letra de câmbio na legislação* portuguesa, Tipografia Sequeira, 1919, p. 32. OLIVEIRA ASCENSÃO, *Direito comercial*, III, cit., p. 55 e ss., aproxima-se da teoria da criação, na medida em que considera que o disposto no art. 16.°, II, LULL se aplica aos casos em que a pessoa desapossada é o criador da letra. Manifestando-se a favor da teoria da criação, entre muitos, cfr. VIVANTE, *Trattato di diritto commerciale*, III, cit., p. 172 e s., e *Tratado de derecho mercantil*, III, cit., p. 151 e s.; ASCARELLI, *Teoria geral dos títulos de* crédito, Livraria Académica – Saraiva & Cia, São Paulo, 1943, p. 343 e ss; GASPERONI, *Le azioni di società*, cit., p. 98, nota 2; MARTORANO, *Titoli di credito*, Giuffrè, Milano, 1997, p. 72.

[289] STOBBE, *Handbuch des deutschen Privatrecht*, Bd. 2, 1878, p. 106 e ss. (KUNTZE, «Das Wechselrecht», cit., p. 57). Consultámos apenas STOBBE, *Handbuch des deutschen Privatrecht*, Bd. 3, 2. Auf., Wilhelm Hertz, Berlin, 1878, p. 106.

[290] «Wer ein Inhaberpapier ausfertigt und emittiert, leistet das versprechen dem Inhaber des Papiers die in demselben benannte Leistung zu thun». Como se pod ever, o autor referia-se aos títulos ao portador.

[291] «(…) der Außsteller die Urkunde, welche seinen Schuldnerwillen verkörpert, aus der Hand giebt».

[292] PEDRO PAIS DE VASCONCELOS, *Direito comercial. Títulos de crédito*, cit., p. 48, autor que manifesta preferência pela teoria da emissão. Essa é também a escolha de PINTO COELHO, «Teoria jurídica da letra», *BFD*, ano IV, p. 486 e s.; GONSALVES DIAS, *Da letra e da livrança*, II, cit., p. (n.ᵒˢ 98 a 100); ID., *Da letra e da livrança*, cit., VI, 2.ᵃ, p. 399; FERRER CORREIA, *Lições de direito comercial*,

a entrega voluntária seria necessária para a eficácia e perfeição da obrigação[293].

Esta última parece ser a teoria preferível no que diz respeito à criação da letra através do saque. Se o sujeito que assina na qualidade de sacador nunca chegou a colocar a letra em circulação, não se deve considerar que a letra tenha sido criada como tal. Naturalmente que nos casos em que a letra é depois transmitida até um portador de boa fé haverá necessidade de apurar quem é responsável por eventuais prejuízos. Mas esse é outro problema.

A solução que acabámos de expor vale também para as obrigações cambiárias resultantes de outros negócios cambiários que não o saque. Assim é para a declaração do endossante, do aceitante ou do avalista.

29. O vencimento. Modalidades

As modalidades do vencimento das letras de câmbio[294] vêm identificadas no art. 33.º LULL. Uma letra pode ser sacada:

a) *à vista*;
b) a um certo *termo de vista*;
c) a um certo *termo de data*;
d) pagável no *dia fixado*.

III, cit., p. 88 e ss. (ao menos quanto às letras). A favor da teoria da emissão, veja-se, para a Itália, por exemplo, ARCANGELI, «Sulla teoria dei titoli di credito», *RDC*, 1910, p. 173 e ss., 346 e ss.; 437 e ss. (com uma exposição das várias teorias); dando conta de que a *Corte di Cassazione* aderiu, de forma constante, à teoria da emissão, SEGRETO/CARRATO, *La cambiale*, Giuffrè, Milano, 1996, p. 84.

[293] Cfr. MARNOCO E SOUZA, *Das letras, livranças e cheques*, vol. I, Lumen, Lisboa-Porto-Coimbra, 2.ª ed., revista e anotada com notas de doutrina e jurisprudência pelo Dr. José Gabriel Pinto Coelho, 1921, p. 39.

[294] Trata-se de identificar a data em que as letras são pagáveis. Outra coisa é saber quando é que o pagamento deve ser efectuado.

Vejamos cada uma destas modalidades com mais alguma atenção.

A letra sacada *à vista* é aquela que é pagável *à apresentação*. Isto é, a letra deve ser paga quando é apresentada para tal. E deve ser apresentada a pagamento no prazo de um ano a contar da sua data, se o sacador não estipular prazo diferente ou os endossantes não o encurtarem[295]. Lembre-se, a propósito, que a letra que não contém a indicação da época de pagamento se considera pagável à vista[296].

Por sua vez, a letra sacada a certo *termo de vista* é aquela que se vence decorrido um certo prazo a contar da data do aceite ou, se não foi aceite, da data do protesto por falta de aceite[297].

A letra pagável a um certo *termo de data* é a que se vence decorrido um certo prazo a contar da data em que a letra foi passada (data da emissão) e a letra pagável no *dia fixado* indica o dia preciso em que a letra é pagável[298]. Há ainda que ter em conta que o vencimento que seja «fixado para o princípio, meado ou fim do mês» faz com que a letra seja «vencível no primeiro, no dia quinze, ou no último dia desse mês»[299].

30. Exigência do pagamento antes do vencimento

A lei prevê casos em que o pagamento pode ser exigido *antes do vencimento que teria lugar segundo as regras gerais*.

---

[295] Art. 34.º, I, LULL. Parece claro que os endossantes podem encurtar também o prazo estipulado pelo sacador: cfr., para a Itália, MASSAMORMILE, in CAMPOBASSO (a c. di), *La cambiale*, cit., p. 701.

[296] Art. 2.º, II, LULL.

[297] Art. 35.º, I, LULL. Para o aceite não datado, cfr. o art. 35.º, II.

[298] Para divergências de calendários, cfr. o art. 37.º LULL. Para outros aspectos relativos a prazos, cfr. os arts. 36.º, 72.º, 73.º e 74.º LULL.

[299] Art. 36.º, III, LULL.

Com efeito, dispõe o art. 43.° LULL que os direitos de acção do portador podem ser exercidos contra endossantes, sacador e outros co-obrigados antes do vencimento se:

a) houve recusa, total ou parcial, de aceite;
b) teve lugar a declaração de falência (mas veja-se, hoje e para Portugal, o CIRE) do sacado (tenha ou não aceite a letra), a suspensão de pagamentos do mesmo (constatada ou não por sentença) ou a promoção de uma execução contra os bens do sacado que não teve resultado;
c) foi declarado falido (mas lembre-se, novamente, o CIRE) o sacador de letra não aceitável.

31. O pagamento

O pagamento pode ser exigido pelo *portador legítimo* da letra. Esse portador pode ser a pessoa que o sacador indicou como sendo aquela a quem ou à ordem de quem a letra deve ser paga. Mas essa pessoa também pode ter endossado entretanto a letra e o sujeito a quem ela foi endossada pode, em princípio, fazer a mesma coisa. O portador será então legítimo se justifica o seu direito por uma *série ininterrupta de endossos*[300]. E isso deve ser verificado por aquele que paga a letra[301], que também deve verificar a identidade do portador da letra[302] (pelo menos quando foi a este último endossada a letra com endosso completo a seu favor[303]).

---

[300] Art. 16.°, I, LULL.

[301] Art. 40.°, III, LULL.

[302] Com diferente opinião, PINTO COELHO, *Lições de direito comercial*, 2.° vol., Fasc. VI, *As letras*, 2.ª parte, cit., p. 43.

[303] Se o portador da letra tem de justificar o seu direito por uma série ininterrupta de endossos, e pelo menos se o último endosso é completo a favor de X, aquele que paga deve, julgamos nós, verificar se o portador é X. No sentido de que o devedor deve controlar a identidade do portador último endossado ou que

II. A Letra

O pagamento da letra no vencimento liberta das suas obrigações aquele que paga, salvo se houve da sua parte fraude ou falta grave[304]. E se a letra pagável em dia fixo ou a certo termo de data ou de vista não é apresentada a pagamento «no dia em que ela é pagável ou num dos dois dias úteis seguintes»[305], qualquer devedor pode depositar a importância «junto da autoridade competente, à custa do portador e sob a responsabilidade deste»[306]. Por sua vez, as letras pagáveis à vista devem ser apresentadas a pagamento «dentro do prazo de um ano, a contar da sua data»[307].

A apresentação a pagamento é, em regra[308], feita ao sacado, pois é a este que o sacador dá a ordem de pagamento contida na letra. O sacado que paga pode exigir a *entrega da letra* e a *quitação* correspondente[309]. E pode inclusivamente realizar um *pagamento parcial*, que o portador não pode recusar[310]. Contudo, nesse caso

---

é legitimado por um endosso em branco, para a Itália, PAVONE LA ROSA, *La cambiale*, cit., p. 528 e s.; com a mesma opinião para os casos em que o endosso contém o nome do endossado, DESANA, in CALLEGARI/COTTINO/DESANA/SPATAZZA, *I titoli di credito*, Cedam, Padova, 2006, p. 432.

[304] Art. 40.º, III, LULL.

[305] Art. 38.º LULL.

[306] Art. 42.º LULL.

[307] Art. 34.º, II, LULL.

[308] Dizemos «em regra» atendendo, designadamente, ao disposto nos arts. 27.º, I, e 38.º, II, LULL.

[309] Art. 39.º, I, LULL.

[310] Art. 39.º, II, LULL. O preceito em causa afasta a possibilidade de o portador recusar «qualquer» pagamento parcial. Não há dúvida de que daí resulta que *não interessa a quantia* a pagar. Mas já é discutível a questão de saber se o regime referido se aplica apenas ao pagamento parcial a efectuar *pelo sacado*. No sentido de que é esta última a solução, VAZ SERRA, «Títulos de crédito», cit., 60.º, p. 170; PEREIRA DE ALMEIDA, *Títulos de crédito*, cit., p. 252. Já o pagamento por intervenção «deve abranger a totalidade da importância que teria a pagar aquele por honra de quem a intervenção se realizou»: cfr. o art. 59.º, II, LULL. Lembre-se que o n.º 1 do art. 763.º do Código Civil estabelece que «a prestação deve ser realizada integralmente e não por partes, excepto se outro for o regime convencionado ou imposto por lei ou pelos usos».

não pode o sacado exigir a entrega da letra[311]. Pode, isso sim, exigir que se faça *menção do pagamento parcial na letra* e a entrega de quitação[312].

Também *qualquer dos co-obrigados* que foi ou pode ser demandado e que *pagou* pode exigir a entrega da letra com o respectivo protesto e um recibo[313].

A letra deve conter a indicação do *lugar do pagamento*. Quando assim não aconteça, o lugar do pagamento será o que vier designado ao lado do nome do sacado.

Na falta de outra indicação, o lugar que surja mencionado ao lado do nome do sacado é considerado como sendo tanto o lugar do domicílio do sacado, como o lugar do pagamento[314].

Se também faltar a indicação de um lugar ao lado do nome do sacado, o escrito não produzirá efeitos como letra[315].

É no lugar do pagamento que o portador da letra deve apresentá-la a pagamento. A letra até pode ser pagável no *domicílio de terceiro*[316] (letra domiciliada[317]).

Pode ainda dar-se o caso de o sacador indicar na letra um lugar de pagamento diferente do domicílio do sacado mas sem identificar um terceiro para pagar a letra no respectivo domicílio. Quando as-

---

[311] Até porque o portador necessita da letra para realizar o protesto pela quantia em falta.

[312] Art. 39.°, III, LULL.

[313] Art. 50.°, I, LULL. Sobre os direitos de quem pagou, cfr. especialmente os arts. 49.°, 50.° e 51.°, LULL. Quanto ao direito de ressaque, cfr. o art. 52.°, LULL.

[314] Art. 2.°, III, LULL.

[315] Quanto ao lugar do pagamento, cfr. tb. o art. 27.° LULL.

[316] Art. 4.° LULL.

[317] Sobre a distinção, já referida, entre *letra domiciliada em sentido próprio* (quando *o terceiro paga* a letra como representante do obrigado) e *letra domiciliada em sentido impróprio* (*o obrigado cambiário principal paga* a letra no domicílio do terceiro), ASQUINI, *Titoli di credito*, rist. rev., Cedam, Padova, 1966, p. 187 e s.; SANTONI, in CAMPOBASSO (a c. di), *La cambiale*, cit., p. 151 e s.. Como vimos, se o sacador indicou na letra um lugar de pagamento que não é o domicílio do sacado e não designou um terceiro em cujo domicílio o pagamento deva ter lugar, pode o sacado, quando aceita, indicar a pessoa que deve pagar: veja-se o art. 27.°, I, LULL.

sim aconteça, o sacado (que tem domicílio, lembre-se, em lugar diferente do lugar do pagamento), ao aceitar, pode indicar a pessoa que deve pagar (no lugar do pagamento). Mas se não faz essa indicação, o sacado (agora, aceitante) terá de pagar a letra no lugar indicado na letra para o efeito[318].

No caso de a letra ser pagável no domicílio do sacado, este último tem ainda a possibilidade de, no acto do aceite, indicar um outro domicílio para efectuar o pagamento. Esse domicílio deve, porém, situar-se no mesmo lugar indicado inicialmente como o do domicílio do sacado[319].

De acordo com o art. 48.° LULL, o portador da letra pode exigir ao demandado não apenas o pagamento da quantia constante da letra e dos juros estipulados, mas ainda dos juros à taxa de 6 por cento desde a data do vencimento e as despesas mencionadas no n.° 3.° daquele preceito (sem prejuízo dos descontos a que alude o art. 48.°, II, LULL).

Contudo, o art. 4.° do DL n.° 262/83, de 16 de Junho, estabeleceu que «o portador de letras, livranças ou cheques, quando o respectivo pagamento estiver em mora, pode exigir que a indemnização correspondente a esta consista nos juros legais». Perante as duas soluções em confronto, os tribunais discutiram qual a que merecia ser seguida[320] e a constitucionalidade daquele preceito do DL n.° 262/83[321].

No Assento n.° 4/92, de 13 de Julho de 1992 [322], decidiu o STJ que «nas letras e livranças emitidas e pagáveis em Portugal é apli-

---

[318] Art. 27.°, I, LULL.

[319] Art. 27.°, II, LULL.

[320] No sentido de que o portador da letra pode exigir juros à taxa legal, nos termos do art. 4.° do DL n.° 262/83, cfr., p. ex., o Ac. RC de 9/12/1986, *CJ*, 1986, V, p. 89 e ss. (de forma clara quanto a letras emitidas e pagáveis em território português), o Ac. RL de 15/1/1987, *CJ*, 1987, I, p. 97 e ss., o Ac. RC de 20/10/1992, *CJ*, 1992, IV, p. 89; optando pela solução da LULL, cfr., p. ex., o Ac. RL de 3/5/1984, *CJ*, 1984, III, p. 121; Ac. RL de 3/5/1984, *BMJ*, 344.°, p. 456.

[321] O próprio TC se pronunciou sobre o assunto, com abordagens diferentes: cfr. o Ac. TC de 14/11/1984, *BMJ*, 356.°, p. 107 e ss.; o Ac. TC de 16/6/1988, *BMJ*, 378.°, p. 756 e ss.; o Ac. TC de 12/10/1988, *BMJ*, 380.°, p. 183 e ss..

[322] DR, I Série-A, de 17/12/1992.

cável, em cada momento, aos juros moratórios a taxa que decorre do disposto no artigo 4.° do Decreto-Lei n.° 262/83, de 16 de Junho, e não a prevista nos n.ᵒˢ 2 dos artigos 48.° e 49.° da Lei Uniforme sobre Letras e Livranças». Fundamentalmente, considerou aquele Tribunal que a fixação de uma taxa de 6%, mesmo resultando de uma Convenção Internacional, sempre se deveria considerar extinta por caducidade atendendo à regra *rebus sic stantibus*. Isto, evidentemente, para as letras e livranças emitidas e pagáveis em Portugal.

Ainda assim, parece-nos preferível a solução preconizada por Oliveira Ascensão[323]. Para este Professor, a legalidade e constitucionalidade do art. 4.° do DL n.° 262/83 é clara à luz do art. 13.° do Anexo II à LULL, desde que se entenda aquele como dizendo respeito apenas a letras, livranças e cheques passados e pagáveis em Portugal. Aí se lê: «Qualquer das Altas Partes Contratantes tem a faculdade de determinar, no que respeita às letras passadas e pagáveis no seu território, que a taxa de juro a que se referem os n.ᵒˢ 2.ᵒˢ dos artigos 48.° e 49.° da Lei Uniforme poderá ser substituída pela taxa legal em vigor no território da respectiva Alta Parte Contratante». E se Portugal podia substituir a taxa legal em vigor referida, também podia adoptar a solução consagrada no art. 4.° do DL n.° 262/83: este preceito veio permitir que o portador exija uma indemnização relativa à mora correspondente aos juros legais, sendo duvidoso que realmente substituísse a taxa de juro fixada no art. 48.° LULL.

A taxa de juro legal é a que resulta do disposto no art. 559.° do Código Civil, conjugado com as sucessivas Portarias entretanto publicadas. É naquele art. 559.° que se faz menção aos «juros legais».

No seguimento do exposto também se poderá perguntar, lendo o art. 4.° do DL n.° 262/83, se o portador da letra ainda pode optar por exigir juros à taxa prevista no art. 48.° LULL e não os «juros legais». Tanto mais que a taxa de juro legal de que trata o art. 559.° do Código Civil foi fixada em 4% pela Portaria n.° 291/2003, de

---

[323] OLIVEIRA ASCENSÃO, *Direito comercial*, III, cit., p. 184 e s..

II. A Letra

8/4: inferior, portanto, aos 6% estabelecidos na LULL. Caso se entenda que os preceitos em causa LULL já cessaram a sua vigência relativamente a letras emitidas e pagáveis em território português, o portador de tais letras não pode optar pela taxa de juro fixada na LULL. Mas essa solução provavelmente deve ser repensada[324].

32. O pagamento por intervenção

Vimos que era possível o aceite por intervenção. A LULL também admite o pagamento por intervenção. Neste último caso, o interveniente pagará ou por sua iniciativa, ou por indicação no título do sacador, de um endossante ou de um avalista.

---

[324] Quanto ao compromisso assumido pelo Estado Português de «garantir ao portador de letras, livranças ou cheques, emitidos e pagáveis em território português, juros de mora à taxa de 6%», escrevia BARBOSA DE MELO, «A preferência da lei posterior em conflito com normas convencionais recebidas na ordem interna ao abrigo do n.º 2 do art. 8.º da Constituição da República (a propósito do art. 4.º do Decreto-Lei n.º 262/83, de 16 de Junho)», *CJ*, 1984, IV, p. 27: «extinguiu-se *iure gentium* pelo facto de a evolução das circunstâncias haver frustrado objectivamente a sua razão-de-ser – isto é, a evolução da taxa dos juros legais internos tornou a taxa de 6%, manifesta e absolutamente, incapaz de garantir ao credor cambiário uma posição de relativa paridade com o credor das obrigações pecuniárias comuns. Esta causa de extinção "de direito internacional comum" opera *ope iuris*. Por isso o legislador português, ao impor às dívidas cambiárias a taxa legal dos juros de mora, numa altura em que esta taxa já estava em 23%, apenas tirou uma consequência legítima do facto de o Estado se encontrar *iure gentium* desvinculado deste compromisso». Porém, uma coisa é o *compromisso internacional* do Estado Português, e outra a *vigência interna das normas* da LULL. Até por causa do teor do DL n.º 26 556, de 30 de Abril de 1936, que, no seu art. 1.º, dispunha assim: «As convenções e anexos aprovados para ratificação pelo Decreto-Lei n.º 23 721, de 29 de Março de 1934, e publicadas em 21 de Junho, estão em vigor, como direito interno português, desde 8 de Setembro do mesmo ano». Quanto à inaplicabilidade da taxa a que se refere o §3.º do art. 102.º do C.Com., cfr. o Ac. RL de 22/06/1995, *BMJ*, 448.º, p. 423, e o Ac. RL de 20/11/1997, www.dgsi.pt.

100 *Títulos de Crédito e Valores Mobiliários*

O pagamento por intervenção pode ocorrer em dois casos:

a) quando o portador da letra tem direito à acção na data do vencimento[325];
b) quando o portador da letra tem direito à acção antes da data do vencimento[326].

A acção em causa é, aqui, obviamente, a acção de regresso.

O portador que recusa o pagamento por intervenção pode ficar numa situação delicada. Isto porque tal recusa conduz à perda «do direito de acção contra aqueles que teriam ficado desonerados» com esse pagamento[327]. A LULL não distingue agora entre pagamento por intervenção com incumbência ou sem incumbência.

Ao pagar, o interveniente afasta ou limita, consoante os casos, a possibilidade de regresso. *Afasta* essa possibilidade quando *efectua o pagamento pelo sacador. Limita-a*, quando *paga por um endossante ou, em princípio, por um avalista.*

O pagamento por intervenção deve ser feito até ao dia seguinte ao último em que é possível fazer o protesto por falta de pagamento. O último dia em que é possível fazer esse protesto não coincide necessariamente com o dia em que o mesmo é efectuado. Remetemos, assim, para o que neste texto se escreve acerca dos prazos para a realização desse protesto.

Aquele que paga por intervenção fá-lo por honra de um obrigado de regresso. Ao pagar, fica subrogado «nos direitos emergentes da letra contra aquele por honra de quem pagou e contra os que

---

[325] O que pressupõe a realização do protesto por falta de pagamento, se o mesmo for necessário. Desde logo, atendendo ao teor do art. 53.°, I, LULL.

[326] Sobre o que se deve entender por letra aceitável e direito de acção antes do vencimento, cfr. o que se disse acerca do aceite por intervenção.

[327] Art. 61.° LULL. Os «que teriam ficado desonerados» são, antes de mais, os endossantes posteriores ao signatário por honra de quem foi feito o pagamento. Mas temos também por boa a tese segundo a qual fica igualmente desonerado aquele por honra de quem o pagamento por intervenção iria ser feito: cfr., nesse sentido, GONSALVES DIAS, *Da letra e da livrança*, IX, cit., p. 377 e ss..

são obrigados para com este em virtude da letra»[328]. Daí também a importância do disposto no art. 62.°, I, LULL: «O pagamento por intervenção deve ficar constatado por um recibo passado na letra, contendo a indicação da pessoa por honra de quem foi feito. Na falta desta indicação presume-se que o pagamento foi feito por honra do sacador»[329].

Para além disso, aquele que efectua o pagamento por intervenção tem direito a que lhe sejam entregues a letra e o eventual instrumento de protesto[330]. Essa entrega revela-se de particular importância uma vez que o sujeito «que paga por intervenção fica sub-rogado nos direitos emergentes da letra contra aquele por honra de quem pagou e contra os que são obrigados para com este em virtude da letra»[331].

Nos casos em que vários sujeitos pretendem pagar por intervenção, com incumbência ou sem incumbência, «será preferida aquela que desonerar maior número de obrigados»[332]. Se, por exemplo, se apresentar um interveniente por honra do sacador, será esse o preferido. Os intervenientes devem ter em atenção esta regra. Isto porque, nos casos em que têm «conhecimento de causa», se não a respeitam perdem os direitos de acção contra os obrigados cambiários que teriam sido desonerados se a regra tivesse sido respeitada.

Se na letra foi feita a indicação de várias pessoas para pagarem a letra em caso de necessidade e aquelas pessoas têm o seu domicílio no lugar do pagamento «o portador deve apresentá-la a todas essas pessoas e, se houver lugar, fazer o protesto por falta de paga-

---

[328] Art. 63.°, I, LULL. Sobre os avisos que o interveniente deve fazer, cfr. o art. 55.°, IV, LULL.

[329] Cfr. o art. 55.°, IV, LULL, relativamente à obrigação de participar a intervenção à pessoa por honra de quem aquela teve lugar.

[330] Art. 62.°, II, LULL.

[331] Art. 63.°, I, LULL.

[332] Art. 63.°, III, LULL. É discutível se o preceito se pode aplicar por analogia ao aceite por intervenção havendo incumbência.

102   *Títulos de Crédito e Valores Mobiliários*

mento o mais tardar no dia seguinte ao último em que era permitido fazer o protesto»[333].

33. Protesto por falta de aceite ou por falta de pagamento

O *protesto* por falta de aceite ou por falta de pagamento consiste num *acto formal de comprovação da recusa de aceite ou de pagamento*[334]. A importância de tal acto torna-se evidente se lermos o art. 53.° LULL.

São várias as hipóteses aí previstas que conduzem à *perda do direito de acção* contra endossantes, sacador e outros co-obrigados, à excepção do aceitante (e seu avalista)[335]. Uma delas verifica-se quando o portador não realizou, nos prazos fixados, o protesto por falta de aceite ou por falta de pagamento[336].

Que prazos são esses? São os mencionados no art. 44.°, II e III LULL, e 121.° e 122.° do Código do Notariado[337].

---

[333] Art. 60.°, I, LULL. O preceito estabelece a mesma solução para os casos em que houve aceite por intervenção com os intervenientes tendo o domicílio também no lugar do pagamento.

[334] Outros protestos existem mas não os vamos aqui analisar. Estamos a pensar no protesto por *falta de data do aceite* (art. 25.°, II, e 35.°, LULL, e 121.°, n.°1, b), do Código do Notariado), no protesto por *falta de restituição do exemplar enviado ao aceite* (art. 66.° LULL e 121.°, n.° 1, e), do Código do Notariado) e no protesto por *falta de entrega do original ao legítimo portador da cópia* (art. 68.° LULL, e 121.°, n.° 1, e), do Código do Notariado). Sobre estes, desenvolvidamente, GONSALVES DIAS, *Da letra e da livrança*, v. IX, cit., 1947, p. 49 e ss..

[335] Mas veja-se o que se diz adiante quanto à prescrição. O art. 53.° LULL menciona ainda outros casos em que se verifica a perda dos direitos do portador.

[336] Cfr., no entanto, o art. 46.° LULL e o regime da cláusula «sem despesas».

[337] Se os prazos terminam em dia de encerramento dos cartórios notariais ou instituições de crédito, cfr. o n.° 2 do art. 122.° do Código do Notariado; para os estabelecimentos bancários e seus correspondentes nacionais, cfr. o n.° 3 do mesmo art. 122.°. Para a prorrogação de prazo por motivo de força maior, cfr. o art. 54.° LULL; quanto à prorrogação de prazo que finda em dia feriado, cfr. o art. 72.° LULL; para a contagem de prazo, cfr. o art. 73.° LULL.

Comecemos pelo prazo para o *protesto por falta de aceite*. Esse prazo é *o da apresentação ao aceite*[338]. Impõe-se, por isso, averiguar qual é esse último prazo:

a) as letras a certo *termo de vista* devem ser apresentadas ao aceite dentro do prazo de *um ano das suas datas*[339];

b) as letras a certo *termo de data* e com *data certa* devem ser apresentadas ao aceite *até ao vencimento*[340].

Na segunda parte do art. 44.º, II, LULL, lê-se ainda: «Se, no caso previsto na alínea 1.ª do artigo 24.º, a primeira apresentação da letra tiver sido feita no último dia do prazo, pode fazer-se ainda o protesto no dia seguinte». Igual solução ficou consagrada no art. 122.º, 1, do Código do Notariado.

Quanto ao protesto por *falta de pagamento*, o prazo fixado na LULL para o mesmo se realizar também não é sempre o mesmo.

a) Para as letras pagáveis em dia fixo, a certo termo de data ou a certo termo de vista, o prazo é o de *dois dias úteis seguintes* àquele em que a letra é *pagável*[341]. É diferente a redacção do art. 121.º, 1, c), do Código do Notariado. Aqui lê-se agora que o prazo para o protesto das letras em causa é o de «dois dias úteis *seguintes* àquele *ou ao último daqueles* em que a letra é pagável» (itálicos nossos). Contudo, pode entender-se que esta última solução já decorreria do art. 44.º, III, LULL. É também o que afirma OLIVEIRA ASCEN-

---

[338] Cfr. tb. o art. 121.º, 1, a), do Código do Notariado, que não contém menção ao protesto por falta de aceite de letras sacadas à vista. Tal fica a dever-se, parece, ao facto de a letra à vista ser apresentada ao sacado para pagamento, nos termos do art. 34.º LULL. As letras *à vista* podem ser apresentadas a pagamento dentro do prazo de um ano a contar da sua data, mas dentro desse prazo também podem ser apresentadas ao aceite.

[339] Art. 23.º, I, LULL.

[340] Art. 21.º LULL.

[341] Art. 44.º, III, LULL.

104   *Títulos de Crédito e Valores Mobiliários*

SÃO: a LULL «fala nos "dois dias úteis seguintes àquele em que a letra é pagável" (art. 44.°/3.° §) para designar os dias em que a letra é apresentável a pagamento: ou seja, o vencimento e os dois dias úteis seguintes (art. 38.°/1.° §)»[342]. Ou seja: durante esses dias em que é apresentável a pagamento, a letra é... pagável. E só depois é que parece começar a correr o prazo de dois dias úteis para a realização do protesto.

b) Para as letras pagáveis à vista, o prazo é o da *apresentação a pagamento*, ou seja, o prazo de *um ano a contar da sua data*[343]. Mas se a letra for apresentada no último dia do prazo, parece que é possível fazer o protesto ainda no dia seguinte[344].

Ainda quando não sejam respeitados os prazos para apresentação a protesto, tal *não é fundamento de recusa* do mesmo[345]. O apresentante pode ter interesse em obter *meio de prova* da falta de aceite ou de pagamento. Por outro lado, pode ainda obter vantagens decorrentes das *notificações* que sejam realizadas.

---

[342] OLIVEIRA ASCENSÃO, *Direito comercial*, III, cit., p. 197 e s.. PINTO COELHO, *Lições de direito comercial*, 2.° vol., Fasc. VI, *As letras*, 2.ª parte, Lisboa, 1947, p. 15 e s., parecia ter opinião diferente.

[343] Parece ser o que decorre do art. 44.°, III, LULL, atendendo à remissão para o art. 44.°, II, e bem assim tendo em conta que, nos termos do art. 34.°, I, LULL, a letra à vista «é pagável à apresentação. Deve ser apresentada a pagamento dentro do prazo de um ano, a contar da sua data (...)», em regra. Aliás, foi a interpretação seguida no art. 121.°, 1, d), do Código do Notariado: o protesto por falta de pagamento de letras à vista deve ter lugar «dentro do prazo em que podem ser apresentadas a pagamento». Com essa mesma leitura, cfr. FERRER CORREIA, *Lições de direito comercial*. III, cit., p. 230. O que se disse não significa que a letra à vista não possa ser apresentada ao aceite, mas essa apresentação deverá acontecer dentro do prazo em que pode ser apresentada a pagamento.

[344] Arts. 44.°, II e III, e 24.°, I, LULL. No sentido do texto, GONSALVES DIAS, *Da letra e da livrança*, vol. IX, cit., p. 69 e s., e o art. 122.°, 1, do Código do Notariado.

[345] Art. 123.° LULL e art. 123.° do Código do Notariado.

34. Avisos

A LULL prevê, no seu art. 45.º, a obrigação de o portador avisar da falta de aceite ou de pagamento aquele que lhe endossou a letra, bem como o sacador. Para isso, a lei fixa um prazo máximo de quatro dias úteis a seguir ao dia do protesto[346].

De acordo com o regime LULL, cada endossante que recebe o aviso tem então dois dias úteis para informar o seu endossante, até se chegar ao sacador. Quando é avisado cada signatário da letra, deve também ser enviado aviso ao respectivo avalista[347].

Contudo, o Anexo II da «Convenção estabelecendo uma Lei Uniforme em matéria de letras e livranças» prevê, no seu art. 12.º, o seguinte: «Por derrogação do artigo 45.º da Lei Uniforme, qualquer das Altas Partes Contratantes tem a faculdade de manter ou de introduzir o sistema de aviso por intermédio de um agente público, que consiste no seguinte: ao fazer o protesto por falta de aceite ou por falta de pagamento, o notário ou o funcionário público incumbido desse serviço, segundo a lei nacional, é obrigado a dar comunicação por escrito desse protesto às pessoas obrigadas pela letra (...)».

Aproveitando essa possibilidade, o Código do Notariado, no art. 124.º, obriga aquele que apresenta a letra a protesto a entregar também no cartório notarial as «cartas-aviso necessárias às notificações a efectuar, devidamente preenchidas e estampilhadas». Essas cartas-aviso obedecem a modelo aprovado e são expedidas, sob registo do correio, pelo notário[348]. Este notificará a apresentação a protesto «a quem deva aceitar ou pagar a letra, incluindo todos os

---

[346] Para os casos em que a letra contém a cláusula «sem despesas» (cfr. art. 46.º LULL), o prazo conta-se a partir do dia da apresentação: art. 45.º, I, LULL.

[347] Art. 45.º, II, LULL.

[348] Não é assim nos casos em que o protesto é efectuado por estabelecimento bancário: cfr. o art. 129.º-B do Código do Notariado. Sobre esse protesto, cfr. tb. o art. 129.º-A do Código do Notariado.

responsáveis perante o portador»[349]. Tal notificação deve ser realizada no próprio dia da apresentação da letra a protesto ou no 1.º dia útil imediato[350].

Só depois de os avisos serem expedidos é que serão lavrados os instrumentos de protesto. Diz, a este propósito, o art. 126.º, 1, do Código do Notariado que o instrumento de protesto será lavrado depois de terem decorrido «cinco dias sobre a expedição da carta para notificação, e até ao 10.º dia a contar da apresentação (...)»[351].

35. Cláusula que dispensa o protesto

A LULL admite que na letra seja aposta uma cláusula que *dispensa o protesto* por falta de aceite ou de pagamento[352]. A redacção dada a tal cláusula pode variar, mas aceita-se que tenha esse valor a cláusula «sem despesas», «sem protesto», ou equivalente.

Contudo, os *efeitos* da aposição da cláusula variam *consoante o sujeito que a colocou* no título:

a) se foi colocada pelo *sacador*, produz efeitos relativamente a *todos os signatários* da letra;

b) se foi colocada por um *endossante* ou por um *avalista*, só produz efeitos em relação ao *sujeito que a colocou*.

Para além disso, a cláusula não dispensa o portador de *apresentar* a letra nem o dispensa dos *avisos* que devam ser enviados, tudo nos respectivos prazos[353].

---

[349] Art. 125.º, 1, Código do Notariado.

[350] Art. 125.º, 1, Código do Notariado.

[351] É assim claro que uma coisa é a apresentação da letra a protesto, e outra o instrumento de protesto. Sobre o conteúdo do instrumento de protesto, cfr. o art. 127.º do Código do Notariado.

[352] Cfr. art. 46.º LULL.

[353] Art. 46.º, II, LULL.

II. A Letra 107

A cláusula que dispensa o protesto por falta de aceite ou por falta de pagamento não afasta a possibilidade de realizar, ainda assim, esse protesto. O que se passa, então, é que haverá um regime próprio de responsabilidade pelas despesas do protesto[354].

36. Endosso posterior ao protesto por falta de pagamento

É admitido o endosso posterior ao protesto por falta de pagamento. Contudo, esse endosso, bem como aquele que é realizado depois de expirado o prazo para o protesto, «produz apenas os efeitos de uma cessão ordinária de créditos»[355].

Isso significa, por exemplo, que o endossado não poderá beneficiar do regime contido no art. 17.º LULL, visto que o endosso não terá, então, efeitos cambiários.

37. Desconto bancário da letra de câmbio

O tomador da letra (ou outro posterior portador) que não pretende mantê-la consigo até à data do vencimento pode procurar obter o desconto da letra junto de uma instituição bancária. Nesse caso, poderá endossar a letra à referida instituição, que pagará ao endossante o montante da letra, a que retirará (descontará), porém, um valor que resulta da aplicação ao montante da letra de uma taxa de juro pelo período que falta decorrer entre a data em que tem lugar o pagamento pela instituição de crédito ao endossante e a data do vencimento, bem como as comissões devidas. O desconto é precisamente a quantia que no caso referido a instituição bancária deduz por antecipar o pagamento[356].

---

[354] Art. 46.º, III, LULL.

[355] Art. 20.º, I, LULL.

[356] Para uma descrição completa de todo o processo, FERNANDO OLAVO,

108   *Títulos de Crédito e Valores Mobiliários*

Dessa forma, o endossante recebe mais cedo o dinheiro a que tem direito. E recebe mais cedo porque não tem de esperar pelo vencimento da letra. Mas o endossante tem de pagar à instituição bancária um valor que a compense por ter de aguardar pela data de vencimento da letra para poder exigir ao aceitante o pagamento da quantia aposta no título[357].

No desconto bancário de uma letra temos, assim, um contrato «pelo qual um banco (descontante) antecipa a um seu cliente (descontário) a importância correspondente a um crédito ainda não vencido que esse cliente detém sobre um terceiro, sendo deduzido, no acto de antecipação, o juro devido pelo tempo que falta para o vencimento do crédito e as comissões a que houver lugar e *sendo o crédito transmitido para o descontante salvo boa cobrança*»[358]. Trata-

---

Desconto bancário, Lisboa, 1955, p. 12 e ss. e 40 e ss.; JOSÉ MARIA PIRES, *Elucidário de direito bancário*, Coimbra Editora, Coimbra, 2002, p. 641 e ss..

[357] O desconto cambiário relativo a uma letra ainda não aceite levanta alguns problemas. Sobre o tema, cfr. FERRI, «Sconto di tratte non accettate e pagamento da parte del trattario alla banca dopo la dichiarazione di fallimento», *RDC*, 1973, II, p. 230 e ss.; FAUCEGLIA, *I contratti bancari*, Giappichelli, Torino, 2000, p. 375; GAVALDA/STOUFFLET, *Droit bancaire*, cit., p. 282.

[358] GABRIELA FIGUEIREDO DIAS, «Desconto bancário e responsabilidade do descontário pelo extravio do título de desconto», *RB*, 57.°, 2004, p. 45. E se o aceitante não cumprir, o banco que descontou a letra pode exigir, em regra, a quem lhe endossou a letra o pagamento do crédito: PESTANA DE VASCONCELOS, «O contrato de forfaiting (ou de forfaitização)», *Estudos em memória do Professor Doutor José Dias Marques*, Almedina, Coimbra, 2007, p. 556. Para o desconto *a forfait*, GONSALVES DIAS, *Da letra e da livrança*, VI, 2.ª, cit., p. 467. O contrato de desconto tem algumas semelhanças com o contrato de *forfaiting*, que também pode ter letras por objecto: trata-se de um «contrato pelo qual um comerciante transmite definitivamente a um ente financeiro os seus créditos a prazo, em regra incorporados em títulos (letras e, em particular, livranças), emergentes dos contratos (em geral, de venda ou de prestação de serviços) celebrados com terceiros, recebendo como contraprestação uma quantia pecuniária», na definição de PESTANA DE VASCONCELOS, ob. cit., p. 537). Este autor chama a atenção para a dificuldade que, no caso das letras, o sacador/endossante terá para se libertar da obrigação de garantia que assume como tal (ob. cit., p. 546 e s.). Considerando que «o traço distintivo essencial da cessão de créditos sem garantia (*forfai-*

II. A Letra 109

-se de um contrato que é considerado operação de banco pelo art. 362.º do Código Comercial[359]. Como resulta da noção reproduzida, o desconto não diz necessariamente respeito a créditos que estejam representados em letras de câmbio ou em outros títulos de crédito. Porém, essa representação dará maior segurança ao descontante.

38. A acção cambiária e a acção extracambiária

A emissão ou a transmissão da letra não extinguem, só por si, o débito proveniente da relação fundamental ou subjacente: «a obrigação cambiária junta-se à relação causal»[360].

Desse modo, a relação fundamental subsiste, com os seus *prazos de prescrição*, como subsistem também as suas *garantias*. Só assim não será se, nos termos do art. 859.º do Código Civil, for «expressamente manifestada» a vontade de que a obrigação cambiária substitua a obrigação decorrente da relação fundamental ou subjacente[361].

---

ting) assenta, precisamente, no facto de a entrega do título representativo do crédito ficar sujeita a uma cláusula que libera o cliente da obrigação de devolver a importância recebida em troca, em caso de incumprimento por parte do devedor, não sendo chamado a responder pelo mesmo nem a suportá-lo em última linha», ANTÓNIO PEDRO A. FERREIRA, «Um caso especial de cessão de créditos sem garantia – o denominado *Forfaiting*», *Nos 20 anos do Código das Sociedades comerciais. Homenagem aos Profs. Doutores A. Ferrer Correia, Orlando de Carvalho e Vasco Lobo Xavier*, vol. II, Coimbra Editora, Coimbra, 2007, p. 361.

[359] Várias são as teorias acerca da natureza jurídica do desconto (teoria do endosso, teoria da compra e venda de créditos, teoria do mútuo, teoria do contrato atípico): cfr., por ex., FERNANDO OLAVO, *Desconto bancário*, cit., p. 188 e ss.; CASSIANO DOS SANTOS, *Direito Comercial Português*, cit., p. 278 e ss.; CAMPUZANO LAGUILLO, «El contrato de descuento», in ORDUÑA MORENO/TOMILLO URBINA, *Contratación bancaria*, I, Tirant lo blanch, Valencia, 2001, p. 224.

[360] MESSINEO, *I titoli di credito*, I, cit., p. 173.

[361] Nesse sentido, VAZ SERRA, Anotação ao Ac. STJ de 9 de Janeiro de 1968, *RLJ*, 101.º, p. 347; FERRER CORREIA, *Lições de direito comercial*, III, cit.,

Em regra[362], só após ser verificada a falta de aceite ou de pagamento é que o credor pode optar entre a acção causal[363] e a acção cambiária[364]. Na exposição dos fundamentos e na redacção do pedido o autor deve tornar clara a opção.

Contudo, tal opção só existe, na nossa opinião, quanto à relação fundamental em que intervém o portador da letra. Assim, se *A* vende a *B* um carro e *A* saca à sua ordem uma letra que *B* aceita, e se depois *A* endossa a letra a *C*, que por sua vez a endossa a *D*, este último não é parte na relação fundamental entre *A* e *B*. E, por isso, se *D* deixa prescrever o crédito cambiário contra *B*, não pode invocar a relação fundamental entre *A* e *B* para exigir deste último o pagamento do crédito que daquela resultasse.

---

p. 58. Mas, por outro lado, se a emissão da letra tem lugar *pro solvendo*, o pagamento da letra impede, naquela medida, o recurso à acção baseada na relação fundamental: cfr. OLIVEIRA ASCENSÃO, *Direito comercial*, III, cit., p. 236. Sobre a necessidade de demonstração de que a subscrição de uma letra ou de uma livrança implica a novação, Ac. RE de 28/4/1994, *CJ*, 1994, II, p. 267.

[362] Porque será isso que, normalmente, se poderá retirar da convenção executiva: cfr. tb. VAZ SERRA, Anotação ao Ac. STJ de, *RLJ*, 103.°, p. 120.

[363] Que aqui entendemos, desde logo, como a que se funda na relação jurídica fundamental.

[364] A acção para o exercício dos direitos emergentes da letra, acção essa que será, normalmente, uma acção executiva uma vez que a letra é títulos executivo: cfr., sobre isto, PINTO FURTADO, *Títulos de crédito. Letra. Livrança. Cheque*, cit., p. 190 e s.. Pode, porém, ser necessário recorrer a uma acção de condenação quando, designadamente, se pretenda demandar quem não consta do título como devedor. E, designadamente, quando se pretenda recorrer ao disposto no art. 15.° do Código Comercial (em conjugação com o art. 1691.°, n.° 1, al. d), do Código Civil) para demandar o cônjuge do devedor. Sobre a aplicação do art. 15.° do Código Comercial às dívidas tituladas por letras, livranças e cheques, cfr. COUTINHO DE ABREU, *Curso de direito comercial*, I, 6.ª ed., Almedina, Coimbra, 2006, p. 190.

39. A acção directa e a acção de regresso

Se o aceitante, obrigado principal, não paga quando devia, o portador da letra tem contra ele uma acção cambiária, que é conhecida como acção directa[365].

Esse direito de acção subsiste ainda quando se verifica uma daquelas situações previstas no art. 53.°, I, LULL, que levam à extinção do direito de acção contra os obrigados cambiários ali identificados.

Por sua vez, a acção que o portador da letra tem contra os endossantes, sacador e outros co-obrigados é designada acção de regresso e todos aqueles são obrigados de regresso. Mas, para que o portador possa demandar em via de regresso esses sujeitos em caso de falta de aceite ou de falta de pagamento, tem de fazer o correspondente protesto dentro dos prazos legais.

Os aceitantes, endossantes, sacador ou avalistas são solidariamente responsáveis para com o portador[366]. Este pode accioná-los a todos, um a um ou colectivamente. E não tem de observar qualquer ordem ao fazê-lo[367].

Contudo, essa responsabilidade solidária não coincide exactamente com aquela que tem o seu regime nos arts. 512.° e ss. do Código Civil.

Desde logo, porque se um dos signatários da letra que não seja o aceitante paga a letra, tem o direito de accionar o aceitante, o sacador, os anteriores endossantes e os avalistas de todos eles[368] para exigir a «soma integral que pagou»[369].

---

[365] Como o será, também, a acção contra o avalista do aceitante, pois o avalista responde da mesma maneira que o avalizado: cfr. CAMPOBASSO, in CAMPOBASSO (a c. di), *La cambiale*, vol. 1, cit., p. 7; MASSAMORMILE, in CAMPOBASSO (a c. di), *La cambiale*, vol. 1, cit., p. 768.

[366] Art. 47.°, I, LULL.

[367] Art. 47.°, II, LULL.

[368] Art. 47.°, III, LULL.

[369] Art. 49.°, 1.°, LULL (quanto aos restantes valores que pode exigir, cfr. os n.os 2.° e 3.° do art. 49.°). Cfr. tb. os arts. 516.° e 524.° do Código Civil.

112 *Títulos de Crédito e Valores Mobiliários*

Um exemplo permite compreender melhor o que foi escrito. *A* aceita uma letra sacada a certo termo de data por *B* à sua própria ordem. *B* endossa a letra a *C*, que a endossa a *D*. *D*, na data do vencimento, exige a *A* o pagamento, que *A* não efectua. Depois de efectuado o protesto, *C* paga a *D*. *C*, obrigado de regresso (porque era endossante – endossou a letra a *D*), pode demandar *A* (aceitante – obrigado principal) e *B* (sacador – obrigado de garantia), para lhes reclamar a «soma integral do que pagou».

Para além do exposto, também parece forçado dizer que todos os obrigados cambiários respondem solidariamente pela *mesma* obrigação. Isto, se considerarmos que a obrigação de cada um deles deve ser considerada autónoma relativamente à dos restantes[370].

40. A prescrição da acção cambiária

Vimos que o aceitante de uma letra é o obrigado principal. Também se disse que o portador da letra não perde os seus direitos de acção contra o aceitante (e seu avalista) quando são ultrapassados os prazos mencionados no art. 53.° LULL.

Contudo, mesmo as acções contra o aceitante (relativas a letras) «prescrevem em três anos a contar do seu vencimento»[371].

Já as acções do portador contra endossantes e sacador (que são, é bom lembrar, obrigados de garantia), prescrevem no prazo de um

---

[370] Nesse sentido, GONSALVES DIAS, *Da letra e da livrança*, vol. X, cit., 1948, p. 213; PINTO FURTADO, *Títulos de crédito. Letras. Livranças. Cheques*, cit., p. 196 e s..

[371] Art. 70.°, I, LULL. No sentido de que os prazos referidos são de *prescrição*, e não de *caducidade*, cfr. o Assento do STJ de 12 de Junho de 1962, *BMJ*, 118.°, p. 313 e ss. («Os prazos fixados no art. 70.° da Lei Uniforme sobre letras de câmbio são de prescrição, sujeitos a interrupção nos termos do art. 552.° do Código Civil»); considerando vigente este Assento, OLIVEIRA ASCENSÃO, *Direito comercial*, III, cit., p. 230.

II. A Letra

ano «a contar do protesto feito em tempo útil, ou da data do vencimento, se se trata de letra contendo a cláusula "sem despesas"»[372].
Se algum dos obrigados de garantia paga a letra, pode também
exigir o pagamento dos seus garantes[373]. Um endossante que paga
pode exigir o pagamento dos anteriores endossantes e do sacador.
Mas também essa acção está sujeita a um prazo de prescrição: «As
acções dos endossantes uns contra os outros e contra o sacador prescrevem em seis meses a contar do dia em que o endossante pagou a
letra ou em que ele próprio foi accionado»[374].
Como se vê, os prazos de prescrição variam consoante a posição ocupada na cadeia cambiária.
No que diz respeito à interrupção da prescrição, parece que devem ser consideradas aplicáveis as disposições do Código Civil que
determinam em que casos aquela interrupção tem lugar[375]. Mas dispõe o art. 71.º LULL que «a interrupção da prescrição só produz
efeito em relação à pessoa para quem a interrupção foi feita»[376].

---

[372] Art. 70.º, II, LULL.

[373] Art. 49.º LULL.

[374] Art. 70.º, III, LULL.

[375] Cfr. o Ac. STJ de 17/4/1986, *BMJ*, 356.º, p. 412 e ss., e o art. 17.º do
Anexo II da «Convenção estabelecendo uma lei uniforme em matéria de letras
e livranças».

[376] A posição do avalista é, mais uma vez, discutida quando há interrupção
da prescrição que corria a favor do avalizado. Isto é, questiona-se se o avalista
pode beneficiar do disposto no art. 71.º LULL. Dizemos beneficiar porque, se
puder invocar o art. 71.º, a interrupção da prescrição só produz efeitos em relação
ao avalizado. Contudo, a verdade é que o avalista responde nos termos em que
responde o avalizado. Para além disso, o art. 71.º LULL surge após um outro preceito que não contém menção ao prazo de prescrição relativamente à obrigação do
avalista. Por isso, parece-nos preferível considerar que a interrupção da prescrição
relativamente ao avalizado *também se estende* ao avalista. No sentido de que a
interrupção da prescrição quanto ao crédito sobre o avalizado *não vale* para o avalista, VAZ SERRA, Anotação ao Ac. STJ de 3 de Junho de 1969, *RLJ*, 103.º, p. 429
e ss.; para a Itália, DISEGNI, *Cambiali e assegni*, cit., p. 47. Considerando que a
interrupção da prescrição contra o devedor produz efeitos em relação ao avalista,
por considerar este um fiador, JOSÉ MARQUES DE SÁ CARNEIRO, *Da letra de câmbio na legislação portuguesa*, cit., p. 210. O avalista não é, porém, um fiador.

Importa ainda referir que, extinto o direito de acção cambiária por prescrição, tal não significa que se extinga pela mesma razão o crédito decorrente da relação subjacente[377]. Esse crédito pode ainda subsistir, pois o prazo de prescrição pode ser mais longo. Será então possível ao credor exigir o respectivo pagamento[378].

41. Reforma das letras destruídas, perdidas ou desaparecidas

Por vezes, as letras são destruídas, perdidas ou desaparecem. Atendendo ao que se disse já acerca da incorporação do direito no título, é fácil de ver que, naqueles casos, o sujeito que até ao momento das destruição, perda ou desaparecimento era portador da letra fica colocado em difícil situação.

O art. 484.° do Código Comercial previa já a possibilidade de reforma judicial de letras[379] destruídas ou perdidas. Essa reforma

---

O regime que vale para as obrigações solidárias em geral consta do art 521.° do Código Civil. E resulta também do n.° 1 desse preceito que a interrupção da prescrição relativamente a um dos obrigados solidários não se estende aos outros obrigados solidários. Daí, também, as dificuldades sentidas pela doutrina.

[377] Nesse sentido, mas ainda ao abrigo do disposto no Código Comercial, cfr. o Assento do STJ de 8 de Maio de 1936, *DG* de 22/5/1963, 1.ª série («A prescrição a que se refere o art. 339.° do Código Comercial não abrange a da obrigação constante da letra»). No sentido da manutenção da vigência do Assento com a LULL, VAZ SERRA, Anotação ao Ac. STJ de 9 de Janeiro de 1968, *RLJ*, 101.°, p. 342 e nota 3; FERRER CORREIA, *Lições de direito comercial*, III, cit., p. 58, salientando que do Assento parece resultar que a prescrição cambiária não exclui o recurso à relação fundamental para demandar o devedor; implicitamente, CASSIANO DOS SANTOS, *Direito Comercial Português*, cit., p. 244. Com outra opinião, PINTO COELHO, *Lições de direito comercial*, 2.° vol., Fasc. II, *As letras*, 2.ª parte, cit., p. 68 e s.. Diferente deste é o problema de saber se a falta de protesto por falta de aceite ou de pagamento afecta ou não o recurso à relação fundamental pelo portador contra o seu endossante: sobre esta questão, VAZ SERRA, *últ. loc. cit.*, p. 352, nota 1.

[378] Cfr. PEDRO PAIS DE VASCONCELOS, *Direito comercial. Títulos de crédito*, cit., p. 80.

[379] Bem como de acções, obrigações e outros títulos «comerciais» transmissíveis por endosso.

judicial deve hoje ser realizada através do processo especial regulado nos arts. 1069.º e ss. do CPC.

Lendo os arts. 1069.º e 1072.º do CPC, vemos que a legislação processual distingue entre, por um lado, os casos de destruição de títulos (arts. 1069.º a 1071.º) e, por outro, os de perda ou desaparecimento (art. 1072.º)[380].

Compreende-se a distinção. Se o título foi destruído, não haverá o perigo de se encontrar nas mãos de alguém. Curiosa é a solução prevista no n.º 2 dos arts. 1070.º e 1071.º: em ambos os casos o autor «pode requerer que o emitente ou os obrigados sejam notificados para, dentro do prazo que for fixado, lhe entregarem novo título». Se isso não acontecer, *valerá como título* a certidão do auto (n.º 2 do art. 1070.º) ou a certidão da petição e da sentença (n.º 2 do art. 1071.º).

Se é invocada a perda ou o desaparecimento do título, este pode ter ficado na posse de um terceiro. É certo que os perigos são maiores quando se trata de títulos ao portador e que as letras são transmissíveis por endosso. Contudo, a letra pode ter sido perdida ou ter desaparecido com um último endosso em branco.

Em caso de perda ou desaparecimento do título haverá necessidade, entre outras coisas, de convidar «qualquer pessoa que esteja na posse dele a vir apresentá-lo até ao dia designado para a conferência» dos interessados (al. a) do art. 1072.º). Aparecendo o título, há que tratar da sua entrega (al. b) do art. 1072.º).

Mas se «o título não aparecer até ser proferida a decisão, a sentença que ordenar a reforma declarará sem valor o título desaparecido, devendo o juiz ordenar que lhe seja dada publicidade pelos meios mais adequados, sem prejuízo dos direitos que o portador possa exercer contra o requerente».

Transitada em julgado essa decisão, o autor pode também requerer «que o emitente ou os obrigados sejam notificados para, den-

---

[380] Considerando pleonástica a expressão, PINTO FURTADO, *Títulos de crédito*, cit., p. 98 e s..

tro do prazo que for fixado, lhe entregarem novo título»[381], sob pena de ficar a servir de título a certidão da petição e da sentença. Isto porque o art. 1072.° do CPC manda aplicar à reforma de títulos perdidos ou desaparecidos o regime previsto para os títulos destruídos, com as modificações legalmente previstas.

---

[381] Contudo, a al. d) do art. 1072.° do CPC vem exigir que o novo título, quando seja um dos indicados no art. 484.° do Código Comercial, só seja entregue depois de o requerente prestar «caução à restituição do seu valor, juros ou dividendos». E a letra surge indicada no art. 484.° do Código Comercial. Quanto à eventual revogação deste último preceito, veja-se o que foi escrito neste texto, nota 53.

BIBLIOGRAFIA

ABREU, COUTINHO DE, *Curso de direito comercial*, I, 6.ª ed., Almedina, Coimbra, 2006

ALARCÃO, RUI DE, «Interpretação e integração dos negócios juridicos», *BMJ*, n.° 84.°, 1959, p. 329 e ss.

ALMEIDA, CARLOS FERREIRA DE, «Registo de valores mobiliários», *Estudos em memória do Professor Doutor António Marques dos Santos*, Almedina, Coimbra, p. 873 e ss.

ID., «Valores mobiliários: o papel e o computador», *Nos 20 Anos do Código das Sociedades Comerciais*, Homenagem aos Profs. Doutores A. Ferrer Correia, Orlando de Carvalho e Vasco Lobo Xavier, vol. I, Coimbra Editora, Coimbra, 2007, p. 621 e ss.

ALMEIDA, MOUTINHO DE, *O contrato de seguro no direito português e comparado*, Sá da Costa, Lisboa, 1971

ALMEIDA, PEREIRA DE, *Direito comercial. 3.° volume. Títulos de crédito*, AAFDL, Lisboa, 1988

ANGELICI, «La circolazione della partecipazione azionaria», *Trattato delle società per azioni*, UTET, Torino, 1991, p. 101 e ss.

ID., *Della società per azioni. Le azioni*, in *Il Codice Civile. Commentario*, dir. da SCHLESINGER, Giuffrè, Milano, 1992.

ANGIELLO, ANDREINA, «Note minime in tema di rappresentanza cambiaria», *Giur. Comm.*, 1986, II, p. 112 e ss.

ANTHERO, ADRIANO, *Comentário ao Código Commercial* Portuguez, vol. I, Artes e Letras, Porto, 1913

ARCANGELI, AGEO, «Sulla teoria dei titoli di credito», *RDC*, 1910, p. 173 e ss., 346 e ss.; 437 e ss.

ID., «Svolgimento, storico dell'intervento cambiario», *RDC*, 1912, I, p. 218 e ss.

ID., «L'indicazione al bisogno nel Codice di Commercio e nel progetto di legge cambiaria uniforme», *RDC*, 1918, I, p. 121 e ss.

ARENA, ANDREA, «La convenzione precambiara di favore», *BBTC*, 1937, I, p. 205 e ss.

ASCARELLI, TULLIO, «La letteralità nei titoli di credito», *RDC*, 1932, I, p. 237 e ss.

ID., «Le firme cambiarie di favore e le eccezioni "ex causa" nel processo cambiario», *Foro It.*, 1932, I, c. 184 e ss.

ID., «L'astrattezza nei titoli di credito», *RDC*, 1932, I, p. 385 e ss.

ID., «La teoria giuridica della circolazione e i titoli di credito negli studi recenti», *RDC*, 1934, I, p. 576 e ss.

ID., *Teoria geral dos títulos de crédito*, Livraria Acadêmica – Saraiva & Cia, São Paulo, 1943

ID., «Ancora sul concetto di titolo di credito e sulla distinzione tra tipologia della realtà e normativa», *BBTC*, 1956, I, p. 461 e ss.

ID., «Il problema preliminare del titolo di credito e la logica giuridica», *Problemi giuridici*, I, Giuffrè, Milano, 1959, p. 165 e ss.

ID., «Tipologia della realtà, disciplina normativa e titolo di credito», *Problemi giuridici*, I, Giuffrè, Milano, 1959, p. 185 e ss.

ASCENSÃO, OLIVEIRA, *Direito comercial*, III, Faculdade de Direito de Lisboa, Lisboa, 1992

ID., «Valor mobiliário e título de crédito», *Direito dos valores mobiliários*, Lex, Lisboa, 1997, p. 27 e ss.

ID., «As acções», *Direito dos valores mobiliários*, II, Coimbra Editora, Coimbra, 2000, p. 57 e ss.

ASQUINI, ALBERTO, *Titoli di credito*, rist. rev., Cedam, Padova, 1966

BALOTTI, FRANKLIN/FINKELSTEIN, JESSE A., *The Delaware law of corporations and business organisations*, Aspen, New York, 2. Ed, 1996

BAUMBACH, ADOLF/HEFERMEHL, WOLFGANG, *Wechselgesetz und Scheckgesetz*, 21. Aufl., Beck, München, 1999

BETTI, EMILIO, «Sulla natura giuridica della girata dei titoli all'ordine», *RDC*, 1927, I, p. 596 e s.

ID., «Mancanza di "causa" della girata cambiaria e prova testimoniale contro il tenore del titolo», 1928, II, p. 153 e ss.

BIGIAVI, WALTER, «Tratta senz'autorizzazione: epilogo», *BBTC*, 1942, I, p. 36 e ss.

BORGIOLI, ALESSANDRO, «La rappresentanza cambiaria nelle società di capitali», *Giur. Comm.*, 1982, II, p. 383 e ss.

BRACCO, BERTO, «In tema di autorizzazione a trarre cambiale», *RDC*, 1940, II, p. 501 e ss.

ID., «Ancora sull'emissione di tratta non autorizzata», *RDC*, 1942, II, p. 193 e ss.

BRÄNDEL, OLIVER C., *Aktiengesetz. Großkommentar*, (her. V. CLAUS HOPT/WIEDEMANN, HERBERT), §§ 1-14, De Gruyter, Berlin-New York, 1992, 4. Aufl.

BROSETA PONT, M., *Restricciones estatutarias a la libre transmisibilidad de acciones*, Tecnos, Madrid, 1963

Bibliografia

BRUNNER, HEINRICH, «Die Werthpapiere», in ENDEMANN (herausgegeben), *Handbuch des Deutschen Handels-, See- und Wechselrechts*, Zweiter Band, Fues's Verlag (R. Reisland), Leipzig, 1882

CÂMARA, PAULO, *Parassocialidade e transmissão de valores mobiliários*, dissertação, Lisboa, 1996

CAMPOBASSO, GIAN FRANCO, «Solidarietà cambiaria (com particolare riferimento all'avallo)», in PELLIZZI, GIOVANNI (a c. di), *Titoli di credito*, Milano, 1980, p. 113 e ss.

ID. (a c. di), *La cambiale*, vol. 1, Giuffrè, Milano, 1998

CAMPUZANO LAGUILLO, ANA BELÉN, «El contrato de descuento», in ORDUÑA MORENO/TOMILLO URBINA, *Contratación bancaria*, I, Tirant lo blanch, Valencia, 2001, p. 221 e ss.

CARNEIRO, JOSÉ MARQUES DE SÁ, *Da letra de câmbio na legislação portuguesa*, Tipografia Sequeira, Porto, 1919

CARNELUTTI, FRANCESCO, *Teoria cambiaria*, Cedam, Padova, 1937

CARVALHO, ORLANDO DE, *Teoria geral do direito civil*, Centelha, Coimbra, 1981

CASTRO, OSÓRIO DE, *Valores mobiliários: conceito e espécies*, 2.ª ed., Universidade Católica, Porto, 1998

COELHO, PINTO, «Teoria jurídica da letra», *BFD*, ano IV, p. 481 e ss.

ID., «Estudo sobre as acções das sociedades anónimas», *RLJ*, 88.º, p. 9 e ss.

ID., *Lições de Direito Comercial. As letras,* Lisboa, vários fascículos (1942, 1943, 1944, 1945, 1946, 1947 e 1947)

CORREIA, FERRER, *Lições de direito comercial*, III, Universidade de Coimbra, 1975

CORREIA, FERRER/CAEIRO, ANTÓNIO, «Recusa do pagamento do cheque pelo Banco sacado; responsabilidade do Banco face ao portador», *RDE*, IV, 1978, p. 447 e ss.

CORREIA, FERRER/SÁ, ALMENO DE, «Cessão de créditos. Emissão de cheque. Compensação», *CJ*, 1990, I, p. 39 e ss.

CORREIA, PUPO, *Direito Comercial. Direito da Empresa,* Ediforum, Lisboa, 2007

CUNHA, CAROLINA, «Vinculação cambiária de sociedades: algumas questões», *Nos 20 anos do Código das Sociedades comerciais. Homenagem aos Profs. Doutores A. Ferrer Correia, Orlando de Carvalho e Vasco Lobo Xavier,* vol. I, Coimbra Editora, Coimbra, 2007, p. 361 e ss.

D'ALCONTRES, STAGNO, *Il titolo di credito. Ricostruzione di una disciplina*, Giappichelli, Torino, 1999

D'ALESSANDRO, FLORIANO, *I titoli di partecipazioni*, Giuffrè, Milano, 1968

ID., «"Fattispecie" e "disciplina" del titolo azionario», *RDCiv.*, 1971, I, p. 510 e ss.

ID., «Amministratore di società di capitali e potere di rappresentanza cambiaria», *Giust. Civ.*, 1981, I, 3071 e ss.

DE FERRA, GIAMPAOLO, «Sulla c.d. originarietà dell'acquisto del diritto cartolare», *BBTC*, 1961, I, p. 536 e ss.

ID., *La circolazione delle partecipazioni azionarie*, Giuffrè, Milano, 1964

DELEBECQUE, PHILIPPE/GERMAIN, MICHEL, in RIPERT/ROBLOT, *Traité de droit commercial*, t. 2, 17.ª ed., LGDJ, Paris, 2004

DELGADO, ABEL, *Lei uniforme sobre letras e livranças*, 6.ª ed., Petrony, Lisboa, 1990

DESANA, EVA, in COTTINO, GASTONE (dir.), *Trattato di diritto commerciale. Vol. VII, por* CALLEGARI, MIA/COTTINO, GASTONE/DESANA, EVA/SPATAZZA, GASPARE, *I titoli di credito*, Cedam, Padova, 2006

DIAS, GABRIELA FIGUEIREDO, «Desconto bancário e responsabilidade do descontário pelo extravio do título de desconto», *RB*, 57.º, 2004, p. 31 e ss.

DIAS, GONSALVES, *Da letra e da livrança*, I, Minerva, Famalicão, 1939

ID., *Da letra e da livrança*, IV, Livraria Gonsalves (depositária), Coimbra, 1942

ID., *Da letra e da livrança*, VII, 2.ª parte, Livraria Gonsalves (depositária), Coimbra, 1946

ID., *Da letra e da livrança*, IX, Livraria Gonsalves (depositária), Coimbra, 1947

DISEGNI, GIULIO, *Cambiali e assegni*, Giappichelli, Torino, 2005

FAUCEGLIA, GIUSEPPE, *I contratti bancari*, Giappichelli, Torino, 2000

FAVARA, ETTORE, «Cambiale postdatata e bollo», *BBTC*, 1964, II, p. 29 e ss.

FERRARA JR., FRANCESCO/CORSI, FRANCESCO, *Gli imprenditori e le società*, Giuffrè, Milano, 1999

FERREIRA, AMADEU JOSÉ, *Direito dos valores mobiliários*, Lisboa, 1997

FERRI, GIUSEPPE, «Il concetto di titolo di credito», *BBTC*, I, 1940, p. 10 e s.

ID., «Sul concetto di titolo di credito», *BBTC*, 1956, I, p. 326 e ss.

ID., «Ancora sul concetto di titolo di credito», *BBTC*, 1957, I, p. 70 e ss.

ID., «Sconto di tratte non accettate e pagamento da parte del trattario alla banca dopo la dichiarazione di fallimento», *RDC*, 1973, II, p. 67 e ss.

ID., *Manuale di diritto commerciale*, UTET, Torino, 1993

FIGUEIREDO, MÁRIO DE, *Caracteres gerais dos títulos de crédito e seu fundamento jurídico*, França Amado, Coimbra, 1919

FIORENTINO, ADRIANO, «Distinzione di titoli di credito causali ed astratti», *RDC*, 1946, I, p. 565 e ss.

FLETCHER, WILLIAM, *Fletcher cyclopedia of the law of private corporations*, Clark, Boardman, Callaghan, Deerfield/New York/Rochester, 1996

FOLK, ERNEST, «Article Eight: Investment Securities», *NCLR*, 44, 1965-66

FURTADO, PINTO, *Títulos de crédito. Letra. Livrança. Cheque*, Almedina, Coimbra, 2000

GALGANO, FRANCESCO, *História do direito comercial*, Signo, Lisboa, 1980

ID., *Il nuovo diritto societario*, in *Trattato di diritto commerciale e di diritto pubblico dell'economia*, vol. 29, 2.ª ed., Cedam, Milano, 1994

Bibliografia 121

ID., *Diritto commerciale. L'imprenditore*, 4.ª ed., Zanichelli, Bologna, 1995 (rist.)

GARCÍA-PITA Y LASTRES, JOSÉ LUIS, «Acciones nominativas y al portador», *Derecho de sociedades anónimas*, II, *Capital y acciones*, v. 2 (coord.. ALONSO UREBA/DUQUE DOMINGUÉZ/ESTEBAN VELASCO/GARCÍA VILLAVERDE/SÁNCHEZ CALERO), Civitas, Madrid, 1994

ID., *Introducción al derecho de los títulos-valores y de las obligaciones mercantiles*, t. I, *Derecho de los títulos-valores. Parte General*, Tórculo, s/d

GASPERONI, NICOLA, *Le azioni di società*, Cedam, Padova, 1942

GAVALDA, CHRISTIAN/STOUFFLET, JEAN, *Droit bancaire*, 6.ª ed., Litec, Paris, 2005

GOLDSCHMIDT, LEVIN, *Storia universale del diritto commerciale*, trad. It., UTET, Torino, 1913

GUGLIELMUCCI, LINO, «Circolazione della cambiale in bianco», *RDC*, 1961, II, p. 119 e ss.

GUIZZI, GIUSEPPE, *Il titolo azionario come strumento di legittimazione*, Giuffrè, Milano, 2000

GURSKY, KARL-HEINZ, *Wertpapierrecht*, 2. Aufl., Müller Verlag, Heidelberg, 1997

HEIDER, KARSTEN, *Münchener Kommentar zum* Aktiengesetz, Bd. 1, §§ 1-53 (her. V. BRUNO KROPFF/JOHANNES SEMLER), Beck/Franz Vahlen, München, 2000, 2. Aufl.

HUECK, ALFRED/CANARIS, CLAUS-WILHELM, *Recht der Wertpapieren*, 12. Aufl., Franz Vahlen, München, 1986

HÜFFER, UWE, *Aktiengesetz*, Beck, München, 2004, 6. Aufl.

KLÄY, HANSPETER, *Die Vinkulierung*, Helbing & Liechtethahn, Basel/Frankfurt, 1997

KRAFT, ALFONS, *Kölner Kommentar zum Aktiengesetz*, (her. V. WOLFGANG ZÖLLNER), Bd. 1, §§ 1-75, Carl Heymanns, Köln-Berlin-Bonn-München, 1988, 2. Aufl.

KUNTZE, J. E., «Das Wechselrecht» (unter Mitwirkung des Amtsrichters Brachmann), in W. ENDEMANN, *Handbuch des Deutschen Handels- See- und Wechselrechts*, Vierter Band, Fues's Verlag (R. Reisland), 1884 (consultámos a *Separatausgabe*)

LA ROSA, PAVONE, *La cambiale*, 2.ª ed., no *Trattato di dirito civile e commerciale*, dir. da Cicu e Messineo, Giuffrè, Milano, 1994

LENER, RAFFAELE, *La dematerializzazione dei titoli azionari e il sistema Monte Titoli*, Giuffrè, Milano, 1989

LUÍS, ALBERTO, *Direito bancário*, Almedina, Coimbra, 1985

LUMIA, ISIDORO LA, «Le firme cambiarie di favore», *RDC*, 1920, I, p. 581 e ss.

MARTINS, ALEXANDRE SOVERAL, «Sobre a indicação da qualidade de gerente de uma sociedade por quotas – Ac. de Uniformização de Jurisprudência

122 *Títulos de Crédito e Valores Mobiliários*

n.º 1/2002, de 6 de Dezembro de 2001», *Cadernos de Direito Privado*, n.º 2, Abril/Junho 2003, p. 20 e ss.

ID., *Cláusulas do contrato de sociedade que limitam a transmissibilidade das acções*, Almedina, Coimbra, 2006

ID., «Da personalidade e capacidade jurídicas das sociedades comerciais», AA.VV. (coord. Coutinho de Abreu), *Estudos de Direito das Sociedades*, Almedina, Coimbra, 9.ª ed., 2008, p. 99 e ss.

MARTORANO, FEDERICO, *Titoli di credito*, Giuffrè, Milano, 1997

MELO, BARBOSA DE, «A preferência da lei posterior em conflito com normas convencionais recebidas na ordem interna ao abrigo do n.º 2 do art. 8.º da Constituição da República (a propósito do art. 4.º do Decreto-Lei n.º 262/83, de 16 de Junho)», *CJ*, 1984, IV, p. 11 e ss.

MENDES, CASTRO, *Teoria geral do direito civil*, II, AAFDL, Lisboa (ed. revista em 1985)

MESSINEO, FRANCESCO, *I titoli di credito*, I, 2.ª ed., Cedam, Padova, 1934

MONTEIRO, PINTO, «Causa do negócio jurídico», *Enciclopédia Verbo Século XXI*, Verbo, Lisboa, 1998

MOSSA, LORENZO, «La cambiale non all'ordine», *RDC*, 1934, I, p. 785 e ss.

ID., *Trattato della cambiale*, 3.ª ed., Cedam, Padova, 1956

NÄGELE, GUSTAV, *Die Mitgliedschaftspapiere*, Carl Winter, Heidelberg, 1937

OLAVO, FERNANDO, *Direito comercial*, Volume II, 2.ª parte, Fascículo I, 2.ª ed., Coimbra Editora, Coimbra, 1983

OPPO, GIORGIO, «Titolo "incompleto" e titolo in bianco», *RDC*, 1951, I, p. 15 e ss.

PELLIZI, GIOVANNI, «Panorama dei titoli di credito», *BBTC*, 1984, I, p. 1 e ss.

ID., «Firma, sostanza e forma», *Giur. It.*, 1967, I, 2, c. 483 e ss.

PINTO, CARLOS MOTA, *Teoria geral do direito civil*, Coimbra Editora, Coimbra, 3.ª ed., 1985

PIRES, JOSÉ MARIA, *Elucidário de direito bancário*, Coimbra Editora, Coimbra, 2002

PORTALE, GIUSEPPE, «Interpretazione "letterale" e "formalismo" cambiario (imprese multinazionali e cambiali poliglotte)», *Giur. Comm.*, 1980, I, p. 250 e ss.

QUEIRÓ, AFONSO/VAZ, ALBINO/MIRANDA, JOÃO, *Direito Comercial*, Casa do Castelo, Coimbra, 1936

REIS, ALBERTO DOS, *Dos títulos ao portador*, França Amado, Coimbra, 1899

ROSSI, «La presunzione di avallo», *BBTC*, 1960, I, p. 198 e ss.

SANTINI, GERARDO, «Il favore cambiario», *BBTC*, 1954, I, p. 1 e ss.

SANTOS, CASSIANO DOS, *Direito Comercial Português*, vol. I, Coimbra Editora, Coimbra, 2007

SANTOSUOSSO, DANIELE, *Il principio di libera trasferibilità delle azioni*, Giuffrè, Milano, 1993

Bibliografia

SAVIGNY, FRIEDRICH CARL VON, *Das Obligationenrecht als Theil des heutigen römischen Rechts*, Bd. 2, Veit und Comp., Berlin, 1853

SEGRETO, ANTONIO/CARRATO, ALDO, *La cambiale*, Giuffrè, Milano, 1996

SENDIN, PAULO, *Letra de câmbio*, vol. I, Universidade Católica/Almedina, Coimbra, 1979

ID., «Usura. Letra de câmbio e Direito Comercial», *Nos 20 Anos do Código das Sociedades Comerciais*, Homenagem aos Profs. Doutores A. Ferrer Correia, Orlando de Carvalho e Vasco Lobo Xavier, vol. III, Coimbra Editora, Coimbra, 2007, p. 890 e ss.

SERENS, NOGUEIRA, «Natureza jurídica e função do cheque», *RB*, 18, 1991, p. 99 e ss.

SERRA, VAZ, «Títulos de crédito», *BMJ*, 1956, n.os 60 e 61

ID., «Acções nominativas e acções ao portador», *BMJ*, 176.°, p. 47

ID., Anotação ao Ac. STJ de 9 de Janeiro de 1968, *RLJ*, 101.°, p. 340 e ss.

ID., Anotação ao Ac. STJ de 3 de Junho de 1969, *RLJ*, 103.°, p. 404 e ss.

SOUSA, MARNOCO E, *Das letras, livranças e cheques*, I, Lumen, Lisboa-Porto-Coimbra, 1921, 2.ª ed. revista e anotada com notas de doutrina e jurisprudência pelo Dr. José Gabriel Pinto Coelho

SPADA, PAOLO, «"Forma" e "verità" della sottoscrizione cambiaria», *RDCiv.*, 1981, II, p. 234 e ss.

STOBBE, OTTO, *Handbuch des deutschen Privatrecht*, Bd. 3, 2. Auf., Wilhelm Hertz, Berlin, 1878

STOLFI, MARIO, «Società commerciali e cambiali di favore», *BBTC*, 1953, I, p. 471 e ss.

TORRES, NUNO PINHEIRO, *Da transmissão de participações sociais não tituladas*, Universidade Católica, Porto, 1999

TORNABUONI, RICCARDO, «Protesto di tratta non autorizzata e risarcimento danni», *BBTC*, 1937, II, p. 102 e ss.

TURRI, ALFREDO, «Sul valore della presunzione di cui all'art. 36, comma 4, l. c.», *BBTC*, 1959, II, p. 606 e ss.

ULMER, EUGEN, *Das Recht der Wertpapiere*, W. Kohlhammer, Stuttgart-Berlin, 1938

VALERI, GIUSEPPE, *Diritto cambiario italiano. Parte speciale*, Vallardi, Milano, 1938

VASCONCELOS, PEDRO PAIS DE, *Direito comercial. Títulos de crédito*, AAFDL, Lisboa, 1997

ID., «As obrigações no financiamento da empresa», *Problemas do direito das sociedades*, IDET/Almedina, Coimbra, 2002, p. 321 e ss.

VASCONCELOS, PESTANA DE, «O contrato de forfaiting (ou de forfaitização)», *Estudos em memória do Professor Doutor José Dias Marques*, Almedina, Coimbra, 2007, p. 537 e ss.

VIVANTE, CESARE, *Trattato di diritto commerciale*, vol. III, 3.ª ed., Vallardi, Milano, 1904

ID., *Tratado de derecho mercantil*, vol. III, tradução em castelhano da 5.ª ed. italiana, Reus, Madrid, 1936

XAVIER, VASCO LOBO/SOARES, MARIA ÂNGELA COELHO BENTO, «Letras e livranças: requisitos essenciais (art. 1.°, n.ᵒˢ 1 e 2, e art. 75.°, n.ᵒˢ 1 e 2, da Lei Uniforme sobre Letras e Livranças», *RDE*, 13, 1987, p. 313 e ss.

ÍNDICE GERAL

NOTA PRÉVIA 5

LISTA DE SIGLAS E ABREVIATURAS 7

I
DOS TÍTULOS DE CRÉDITO EM GERAL

1. Sobre uma noção de título de crédito 9

2. O título de crédito é um documento necessário para o exercício do direito nele mencionado 12

3. Literalidade do direito mencionado no documento 14

4. Autonomia do direito mencionado no documento 16

5. Circulabilidade 18

6. Especiais funções dos títulos de crédito 18

7. Classificações dos títulos de crédito 20

   7.1. *Classificação dos títulos de crédito fundada no direito incorporado* 20

   7.2. *Classificação dos títulos de crédito fundada no modo normal de transmissão* 22

   7.3. *Classificação dos títulos de crédito fundada nas consequências da emissão do título no direito incorporado. Titulos constitutivos e títulos declarativos* 24

   7.4. *Classificação fundada no relevo da relação fundamental. Títulos abstractos e títulos causais* 27

8. Títulos de crédito desmaterializados? 29

9. Tipicidade/Atipicidade dos títulos de crédito 30

II
A LETRA

1. Breves apontamentos históricos 33
2. Noção 35
3. Requisitos externos da letra 38
4. A falta dos requisitos externos 42
5. A letra em branco/a letra incompleta. Acordos de preenchimento. Preenchimento abusivo 44
6. Vias de letra. Cópias 47
7. Capacidade 48
8. Representação 50
9. O saque. A responsabilidade do sacador 55
10. O aceite 57
11. (cont.) A recusa do aceite 60
12. (cont.) Aceite por intervenção 60
13. O endosso 64
14. (cont.) Endosso em branco 66
15. (cont.) Endosso por procuração (ou para cobrança) 68
16. (cont.) Endosso em garantia 69
17. (cont.) A cláusula «não à ordem» 70
18. (cont.) Cláusula «sem garantia» 72
19. (cont.) Outros modos de transmissão da letra 72
20. O aval 73
21. (cont.) A responsabilidade do avalista 76
22. A «reforma» da letra em sentido impróprio 78
23. A independência das obrigações cambiárias 79
24. Abstracção da obrigação cambiária 80
25. O direito literal 85
26. O direito autónomo 85
27. A letra de favor. A convenção de favor 88
28. O surgimento da obrigação cambiária. Fundamentos da obrigação cambiária. Momento a partir do qual o documento incorpora a obrigação e pode desempenhar a função de legitimação e de transmissão 90

29. O vencimento. Modalidades	92
30. Exigência do pagamento antes do vencimento	93
31. O pagamento	94
32. O pagamento por intervenção	99
33. Protesto por falta de aceite ou por falta de pagamento	102
34. Avisos	105
35. Cláusula que dispensa o protesto	106
36. Endosso posterior ao protesto por falta de pagamento	107
37. Desconto bancário da letra de câmbio	107
38. A acção cambiária e a acção extracambiária	109
39. A acção directa e a acção de regresso	111
40. A prescrição da acção cambiária	112
41. Reforma das letras destruídas, perdidas ou desaparecidas	114
BIBLIOGRAFIA	117
ÍNDICE GERAL	125